Jens Grüne

Ein Leben - Eine Chance

Das Leben ist ein Geschenk!

Packen Sie es aus!

www.tredition.de

© 2017 Jens Grüne
Umschlag, Illustration: Jens Grüne
Lektorat, Korrektorat: Franziska Hellmann

Verlag: tredition GmbH, Hamburg

ISBN
Paperback   978-3-7439-2237-2
Hardcover   978-3-7439-2238-9
e-Book   978-3-7439-2239-6

Printed in Germany

Inhalt

Vorwort

Wenn ich meine Klienten frage, was sie machen würden, wenn es Ihnen wieder besser geht,- etwas, was sie jetzt nicht machen, dann bekomme ich sehr häufig die Antwort: „Mal wieder ein gutes Buch lesen."

Aus diesem Grund möchte ich mich bedanken, dass Sie dieses Buch in Ihren Händen halten. Es zeigt, dass Sie sich Zeit für sich und Ihre Interessen nehmen und sich auch mal abgrenzen können. Dies ist eine gute Leistung, denn viele Menschen sind leider nicht mehr in der Lage, so etwas umzusetzen. Wer nimmt sich heute noch Zeit für sich selbst? Wir müssen im Alltag oftmals eher funktionieren.

Und weil Sie Ihre wichtige Zeit für mein Buch investieren, möchte ich natürlich, dass Sie sich am Ende, wenn Sie dieses Buch zur Seite gelegt haben, sagen können, dass es sich wirklich gelohnt hat!

Wie kann dieses Buch jetzt dazu beitragen, dass es sich für Sie lohnt?

Ich habe dieses Buch geschrieben, weil mir in meiner psychotherapeutischen Tätigkeit sowie als Coach und Berater viele Dinge aufgefallen sind, die anderen nützlich sein können, um etwas in ihrem Leben zu verändern oder zu verbessern.

Eines meiner wichtigsten Mottos lautet: „Wissen allein bewegt gar nichts".

Sie können demnach hundert Bücher lesen und drei Studiengänge belegen.

Das bedeutet nicht, dass es Ihnen besser geht oder Ihr Leben besser wird. Wichtig ist einzig und allein Ihre Handlungskompetenz und Ihre emotionale Intelligenz. Das Handeln ist der Schlüssel zum Glück.

Dieses Buch hat keinen Anspruch auf die Wahrheit. Niemand kennt die einzig richtige „Wahrheit" (mehr dazu im Kapitel 2). Auf Grund dessen bin ich kein Freund von richtig oder falsch und gut oder böse. Es gibt einfach sehr viele verschiedene Wirklichkeiten.

Dieses Buch soll Sie dazu einladen, verschiedene Blickwinkel kennen zu lernen. Das Werk soll Sie inspirieren und soll Ihnen Denkanstöße geben.

Verstehen Sie dieses Buch eher als ein Angebot, um neue Blickwinkel, neue Ideen und Möglichkeiten zu erhalten, um das eigene Leben lebenswerter zu gestalten.

Nehmen Sie einfach nur das mit, was Ihnen gefällt und erlauben Sie sich auch mal etwas Neues mitzunehmen. Und sollte Ihnen etwas nicht gefallen, dann lassen Sie es einfach in diesem Buch, vielleicht nehmen Sie es dann beim zweiten Lesen dieser Lektüre mit.

Es freut mich, dass Sie sich die Zeit zum Lesen nehmen.

Dieses Buch ist in 16 Kapitel aufgeteilt, die aus meiner Sicht essentiell sind, um das Leben gesund und erfüllt zu meistern

Somit lade ich Sie jetzt ein, neugierig und offen zu sein!

Ihr

Jens Grüne

1. Wir können die Vergangenheit nicht ändern

Ihre Vergangenheit ist ganz wichtig. Sie sind jetzt dort, wo Sie sind, weil Sie ein Produkt Ihrer Vergangenheit sind. Sie sind jetzt hier, weil alles auch ein Resultat Ihrer Entscheidungen aus der Vergangenheit ist und weil Ihnen Ihr Leben gewisse Vorraussetzungen gegeben hat. Vielleicht hatte auch das „Schicksal" seine Hände im „Spiel".

Das Problem mit der Vergangenheit ist, dass diese vergangen ist. Wir können diese nicht mehr ändern. Stundenlang können wir über die Vergangenheit sprechen. Wir können uns über diese ärgern oder auch freuen, aber wir können sie nicht mehr verändern. Auch wenn es Momente im Leben gibt, in denen wir uns wünschten, Entscheidungen, Handlungen oder Gesagtes in der Vergangenheit zu ändern oder aus unserer persönlichen Geschichte zu streichen, besteht diese Option leider nicht.

Viele Menschen halten sich gedanklich mehr in der Vergangenheit als in der Gegenwart auf. So entstehen die immer gleichen Fragen: „Warum?", „Warum ich?", „Warum ist mir das passiert?", „Warum habe ich so eine Entscheidung getroffen?" oder auch „Warum bin ich so?".

Haben Sie eine Antwort auf eine dieser Fragen finden können?

Selbst wenn wir eine Antwort auf eine solche Frage finden, geht es uns nicht automatisch besser.

Sie erfahren in Kapitel 7 mehr zu dem Themenkomplex, warum es uns nicht besser geht, wenn wir den Grund für unsere Lage kennen.

Wie ich schon betont habe: Wissen allein nützt nichts.

Was können wir also mit der Vergangenheit anfangen?

Wir können sie akzeptieren! Akzeptieren Sie, dass Sie alle Entscheidungen in der Vergangenheit so getroffen haben, wie es Ihnen zu diesem Zeitpunkt am besten gelang. Sie hatten in den vergangen Situationen nur die Ressourcen zur Verfügung, die Sie zu diesem Zeitpunkt hatten.

Was können wir noch mit der Vergangenheit anfangen?

Wir können daraus lernen. Lernen Sie aus Fehlern, die Sie nicht erneut machen möchten. Fehler sind nicht schlimm. Oft bringen uns Fehler erst auf den richtigen Weg. Deshalb sagen viele erfolgreiche Menschen auch, man kann nicht genug Fehler machen.

Ungünstig ist es nur, wenn man den gleichen Fehler zweimal macht oder sogar immer wieder!

Seien Sie dankbar für alles Gute, was Ihnen bis heute widerfahren ist.

Leider konzentrieren wir uns häufig nur auf das Negative im Leben. Ich erlebe das auch oft in meinen Seminaren: Ich zeige meinen Seminarteilnehmern ein Flipchart mit zehn Matheaufgaben aus dem 1x1. Eine dieser Aufgaben ist falsch. Die Frage an die Teilnehmer lautet: Was fällt Ihnen auf? Erkannt wird der eine Fehler. Bis heute habe ich noch nie gehört, dass doch neun Aufgaben richtig sind.

Dieses kleine Beispiel zeigt deutlich wie negativ einige ihren Blickwinkel trainiert haben.

Eine kleine Übung für Sie:

Beobachten Sie sich in ihrem Alltag bewusst, wie Sie die Dinge sehen und bewerten.

Statt die positive Seite einer Situation hervorzuheben, achten wir oft nur auf die Defizite in unseren Leben und auch im Leben anderer.

Daher eine weitere Übung für Sie:

Zählen Sie spontan zehn positive Vorzüge Ihrer Person auf.

Und anschließend meine Frage an Sie: Fällt Ihnen das leicht?

Seien Sie dankbar für Krisen, in denen Sie sich weiterentwickeln konnten. Rückblickend auf unser Leben, stellen viele fest, dass eine Krise sich im Nachhinein als wichtiger Entwicklungsfaktor dargestellt hat. Wir wachsen am meisten in Krisenzeiten.

Wir wachsen, wenn uns das Leben vor große Herausforderungen stellt.

Genau dann,...
...wenn wir nicht mehr wissen, wie es weitergehen soll...
...wenn wir glauben es gäbe keinen Ausweg mehr...
...wenn uns eine schwere Krankheit trifft...
...wenn wir verlassen werden...
...wenn wir unseren Arbeitsplatz verlieren...
...wenn uns das Leben den „Boden" unter den Füßen wegzieht...
...lernen wir neue Wege zu finden und zu gehen. Zu wachsen.

In diesen Zeiten finden wir neue Wege, wir stellen uns der Herausforderung, durch Krankheiten neue und wertvolle Blickwinkel und Lebenseinstellungen zu finden, den Partner für`s Leben zu treffen oder einen viel besseren Job zu bekommen. Es öffnen sich neue Türen, die ohne eine Krise oft verschlossen geblieben wären!

Oft höre ich von meinen Klienten: „Wenn ich diese Krise nicht gehabt hätte, dann hätten sich viele positive Dinge in meinem Leben nicht eingestellt." / „Im Nachhinein war es ganz gut, dass es so gekommen ist."

Auch Sie können für Ihre Vergangenheit dankbar sein oder von Ihr lernen. Wenn Sie das getan haben, lassen Sie die Vergangenheit vergangen sein. Leben können Sie nur in der Gegenwart. Eine andere Zeit haben Sie nicht zur Verfügung!

Das Ziel ist somit, sich auf das Hier und Jetzt zu besinnen, sich auf den Augenblick einlassen, die Gegenwart zu erleben.

In vielen Ratgebern wird dieses Thema „Leben im Hier und Jetzt" immer wieder angesprochen. Es klingt überzeugend, dass das Leben nur in der Gegenwart kontrollierbar sei, doch wie soll die Umsetzung aussehen?

Nachdem man einen Ratgeber gelesen hat, sich seine eigenen Gedanken dazu gemacht hat und seine innere Einstellung ändern möchte, legt man das Buch an die Seite und kehrt in seinen Alltag zurück.

Das Umsetzen neuer Denkmuster fällt einem schwer, der Alltag hat einen wieder fest im Griff. Alles läuft wieder wie vorher. Motivierter und zufriedener als vorher sind wir nicht. Der Einfluss des Alltags wird häufig unterschätzt.

Wie kann also die Umsetzung neuer Lebensweisheiten und positiver Gedanken funktionieren? Der erste Schritt lautet: Wir betrachten, was in unseren Gedanken passiert.

Warum halten wir uns gedanklich häufig in der Vergangenheit auf?

Was können wir also tun, um diese wirklich gute Lebensweisheit auch positiv umzusetzen?

Wir sollten vielleicht erst einmal schauen, wie das mit unseren Gedanken so abläuft. Warum halten wir uns eigentlich häufig gedanklich in der Vergangenheit auf?

Antworten zu dieser Fragestellung können sich in folgenden Gedankengängen spiegeln:

Wenn wir der Meinung sind, dass in der Vergangenheit alles besser war als heute, halten wir uns am Tag oft in solchen Gedankenfolgen auf: „Früher war ich noch jung und vital."/ „Früher hatte ich noch meine Freunde hier." / „Früher konnte ich viel mehr feiern." / „Früher war alles günstiger" / usw. - Es endet in einer Gedankenschleife und wir drehen uns im Kreis.

Das nimmt unser Unterbewusstsein alles mit auf und vertieft diese Meinungen in uns. Wir fangen daraufhin an, in Gesprächen diese Meinungen auch rigoros zu vertreten und zu verteidigen. Wir denken nach dem Motto „Früher war es aber schon besser und Vieles war einfacher."

Einige hängen gedanklich in der Vergangenheit fest, weil sie Schuldgefühle haben. Ein bestimmtes vergangenes Ereignis hat ein Schuldgefühl ausgelöst. Dieses Gefühl drängt sich der Vergangenheit immer wieder auf. Dabei vergisst man eines oft: Schuldgefühle sind Gift für den Körper.

Andere erkennen im Laufe ihres Lebens – vor allem in der Zeit zwischen dem 40. und 50. Lebensjahr -, dass sie doch Vieles lieber anders gemacht hätten. Einige nennen es die „Midlifecrisis" (Am Rande: Gelehrte sind sich jedoch unsicher, ob es diese wirklich gibt).

Welcher Gedanke auch in Ihnen steckt: Wichtig ist, wie es Ihnen geht. Wir leben in einer Überflussgesellschaft und haben alles, was wir brauchen. Je mehr wir an materiellem Besitz haben, desto mehr funktionieren wir. Jedes Mal türmt sich die Frage auf: Ist das schon alles?

Wenn Sie das Gefühl haben, dass ihr Leben nicht so verläuft, wie Sie es sich erwünscht haben, dann geht es Ihnen nicht gut. Dann hegen Sie zu viele Gedanken an die Vergangenheit und wünschen sich, viele Entscheidungen anders getroffen zu haben.

Genau das sollte Sie unbedingt ernst nehmen!

Wenn Sie etwas verändern oder verbessern wollen, dann ist der erste wichtige Schritt, zu akzeptieren, dass Sie die Vergangenheit nicht mehr ändern können.

Und wenn Sie etwas nicht ändern können, dann brauchen Sie keine Zeit und somit keinen weiteren Gedanken damit verschwenden!

Es wird davon ausgegangen, dass Sie nur ein einziges Leben haben und Ihre Lebenszeit somit sehr begrenzt ist.

Das unsere Zeit begrenzt ist, nehmen wir im Alltag selten wahr. Meistens fällt es uns erst wieder auf, wenn wir mit einer schweren Krankheit oder mit dem Tod einer anderen Person konfrontiert werden.

Somit können wir festhalten, dass wir keine Zeit haben, uns um Sachen zu kümmern, die wir nicht mehr ändern können. Dafür ist das Leben zu kurz.

Lassen Sie die Vergangenheit vergangen sein und halten Sie sich nicht mehr daran fest. Um sich von der Vergangenheit zu lösen, braucht es Mut und auch die Bereitschaft die Schwächen und Fehler von anderen und vor allem die eigenen zu verzeihen. Vergeben Sie sich auch, dass Sie nicht alle Chancen im Leben genutzt haben.

Das Schöne ist, dass Sie jeden Tag neu entscheiden können, wie Sie Ihr Leben verändern. Sie haben jeden Tag die Möglichkeit neue und bessere Entscheidungen zu treffen. Jeden Tag können Sie neue Wege beschreiten. Wenn Sie nur wollen, ist es möglich, dass Sie jeden Tag neu erfinden.

Vielleicht werden sich jetzt einige denken: „Toll, das hört sich immer so einfach an, aber das geht doch gar nicht, weil...". Ich bin mir sicher, jeder wird hier seine eigenen Gründe finden. Doch wie sagt man so schön: "Wer nicht will, der findet Gründe und wer will, der findet Lösungen".

Lösungen zu finden ist zwar nicht einfach, aber der Weg zum heutigen Tag war auch nicht immer einfach, oder?

Einige Menschen halten sich gedanklich in der Vergangenheit auf und sind selten in der Gegenwart.

Es gibt auch die Sorte von Menschen, die vorwiegend in der Zukunft leben. Das heißt, dass diese Menschen sich gedanklich überwiegend in der Zukunft aufhalten und ihr Handeln auch danach ausrichten. Das sind dann diejenigen, die ihr eigenes Glück an zukünftige Faktoren und Ereignisse knüpfen.

Hier gilt das Motto: „Ich bin glücklich, wenn ich mit meinem Studium fertig bin." oder „Ich kann erst glücklich sein, wenn ich Summe x verdiene", oder „Ich bin erst glücklich / zufrieden, wenn ich den richtigen Partner gefunden habe."

Wenn wir unser Glück immer in die Zukunft projizieren und es überwiegend von den äußeren Umständen abhängig machen, können wir in unserer Gegenwart nicht wirklich glücklich sein.

Wir erinnern uns an den Leitgedanken: Die Gegenwart bestimmt unser Hier und Jetzt.

Das Glück in der Zukunft zu prognostizieren bedeutet somit, dass wir nicht wirklich glücklich leben können, weil wir ja erst in der Zukunft glücklich sein wollen. Dass das nicht funktioniert, zeigt sich dann meistens in der Zukunft. Häufig handelt es sich hierbei um Menschen, die doch morgen glücklich sein wollten und ihr ganzes Leben versäumt haben.

Es gibt auch Menschen, die weder in der Vergangenheit, noch in der Gegenwart oder Zukunft denken. Sie kreisen um eines der Hauptthemen: Sorgen. Sie sorgen sich über ihre Zukunft. Auch „Sorgen" sind pures Gift für den Körper!

Was sind Sorgen? Warum sorgen wir uns?

Sorgen sind Befürchtungen, dass etwas in unserer Zukunft nicht so verläuft, wie wir es uns wünschen. Sorgen sind Zukunftsängste. Wir sorgen uns zum Beispiel um unsere Gesundheit, Kinder, Arbeitsplatz, Geld, Partner oder dass wir uns blamieren könnten.

Sorgen sind in der Regel Verlustängste, da wir Angst haben etwas, was uns wichtig ist, zu verlieren.

Wir haben Angst, dass wir nicht die Kontrolle haben, oder diese verlieren könnten.

Sorgen können einen zermürben. Sorgen können einem die Gegenwart zur Hölle machen. Viele haben einen oder gleich mehrere ganz bestimmte „Sorgenfilme" im Kopf ablaufen, die sich ständig wiederholen und den Körper immer mehr vergiften.

Wie können wir mit solchen Sorgen umgehen?

Machen Sie sich bewusst, dass es Ihre Gedanken sind. Sorgen sind nur Gedanken mit Spekulationen über zukünftige Ereignisse. Sie sind aber der einzige, der entscheiden kann, was Sie denken. Geben Sie solchen „Sorgenfilmen" nicht zu viel Raum, indem Sie bewusst im Hier und Jetzt sind und sich nicht selbst verrückt machen.

Wie können Sie sich in die Gegenwart zurückholen?

Eine Möglichkeit besteht darin, mit sogenannten Gedankenstopps zu arbeiten. Wenn Sie negative Gedanken haben, können Sie sich laut „Stopp" sagen. Wenn Sie gerade nicht alleine sind, können Sie sich auch innerlich „Stopp" sagen. Vielen hilft es sich dabei ein „Stoppschild" bildlich vorzustellen.

Anderen hilft die „Ampeltechnik", hierbei stellen Sie sich eine Ampel bildlich vor die auf rot steht. Wieder anderen hilft die „Mickymaus-Technik". Bei schlechten Gedanken, sagen sie sich einfach „Mickymaus" und dann sehen Sie diese vor Ihren „inneren Augen".

Egal welche Methode Ihnen zusagt, allen gemein ist, dass Sie hiermit eine Möglichkeit haben solche Gedanken oder Sorgen zu unterbrechen und von diesen abzulenken. Durch die Unterbrechung können Sie wieder bewusst neue Gedanken fassen und erhalten somit die Kontrolle über Ihre Gedanken zurück.

Fragen Sie sich immer, ob Sie dieser Gedanke gerade weiterbringt. Hilft er mir in meinem Leben? Hilft er mir, mein Leben zu bewältigen?

Gibt der Gedanke mir das Gefühl, dass ich ein wertvoller Mensch bin?

Oder schwächt er mich und macht mich unglücklich?

Ich möchte Sie anregen, dies zu üben und ab sofort vor allem das zu denken, was Ihnen gut tut und Lösungen fördert und was Ihnen helfen kann Sie dorthin zu bringen, wo Sie hin wollen. Probieren Sie das ruhig mal aus, doch wie alles im Leben, brauchen diese Methoden Zeit und Übung. Lassen Sie sich jedoch davon nicht entmutigen. Wenn Sie über ein paar dieser Methoden verfügen, kann dies eine ganz große Bereicherung für Ihr Leben darstellen.

Nutzen Sie die Erkenntnis, dass sowohl das Leben in der Vergangenheit als auch das Leben in der Zukunft keine Zufriedenheit bringen. Genießen Sie ihr eigentliches Leben: Das Leben im Hier und Jetzt.

Somit möchte ich Sie im Hier und Jetzt begrüßen. Ich begrüße Sie in Ihrer Gegenwart, in der Sie gerade mein Buch in den Händen halten und sich Zeit für sich nehmen, wofür ich Sie nochmals beglückwünschen möchte. Nur im Hier und Jetzt haben Sie die Kontrolle über Ihr Leben.

Und damit Sie sich auch richtig auf das Wesentliche im Hier und Jetzt konzentrieren können, schaltet Ihr Bewusstsein viele Dinge einfach aus.

Vieles nehmen wir im Hier und Jetzt nicht wirklich bewusst wahr. Wenn ich jetzt frage, wie sich gerade Ihr rechter Fuß anfühlt, werden Sie merken, dass Sie diesen die ganze Zeit gar nicht wahrgenommen haben, erst als ich jetzt darauf aufmerksam gemacht habe, wird es Ihnen bewusst.

Wir würden verrückt werden, wenn wir alle Einflüsse bewusst wahrnehmen würden, die durchgehend auf uns einströmen. Daher blendet Ihr Bewusstsein vieles aus, was Sie jetzt nicht brauchen. Ihr Unterbewusstsein nimmt dies aber alles wahr.

Lassen Sie uns noch eine kleine Übung machen.

Lenken Sie Ihre Aufmerksamkeit noch einmal auf Ihren Körper spüren Sie, wie entspannt sich dieser anfühlt während Sie dort Sitzen oder Liegen und das Buch lesen. Spüren Sie Ihre Beine, Ihr Gesäß, Ihren Rücken, Ihre Schultern, Ihre Arme und Ihren Kopf.

Nun achten Sie bewusst darauf, welche Geräusche Sie in Ihrer Umgebung wahrnehmen können. Richten Sie Ihre Aufmerksamkeit nur auf das was Sie gerade hören. Gönnen Sie sich einen Augenblick dieser Ruhe.

Jetzt sind Sie ganz im Hier und Jetzt. Nun haben Sie die Kontrolle und Sie können entscheiden, was Sie denken möchten, Sie können entscheiden, was Sie als Nächstes tun oder auch nicht tun wollen.

Es wächst, beziehungsweise wird immer das verstärkt, worauf Sie Ihre Aufmerksamkeit richten.

Wenn Sie Ihren Fokus auf die Vergangenheit richten, werden diese Gedanken gestärkt und wachsen an. Dies geschieht genau so, wenn Sie Ihre Aufmerksamkeit auf die Zukunft oder auf Sorgen richten. Wählen Sie daher ab jetzt sehr bewusst, worauf Sie Ihr Augenmerk richten.

Alles, was Sie „aufnehmen", ist auch in Ihnen. Das kann Nahrung sein, das kann auch „geistige Nahrung" sein. Hier ein Beispiel: Wer jeden Tag aufmerksam die Zeitung liest, nimmt fast 97% negative Neuigkeiten auf. Auch, wenn Sie sich nicht bewusst an alle Meldungen erinnern können: Ihr Unterbewusstsein hat es „eingekauft".

Erhöhen Sie Ihren Selbstwert, indem Sie nur das aufnehmen, was Ihnen persönlich gut tut und was zu Ihren eigenen Zielen führt. Das ist kein leichtes Unterfangen. Probieren Sie es jedoch mit dem Hintergrundwissen, dass jeder negative Umstand, den Sie nicht aufnehmen, ein Schritt zu einem positiverem Leben ist.

Lassen Sie die Vergangenheit vergangen sein und machen Sie sich keine Sorgen über die Zukunft. Sie lernen sowieso immer rückwärts im Leben. Bei vielem was uns geschieht, wissen wir erst viel später, ob es gut oder schlecht für uns war. Genießen Sie Ihr Leben im Hier und Jetzt.

Ich freue mich, dass ich Sie ein Stück auf dem Weg ins Hier und Jetzt begleiten durfte. Ich bin mir sicher, dass Sie noch viele gute Wege finden, um Ihre Aufmerksamkeit auf das Gute und wichtige in Ihrer Gegenwart zu richten. Sie haben sich jetzt auf den Weg gemacht. Genießen Sie diesen, auch wenn es mal steinig wird.

Gehen Sie selbstbewusst weiter. Selbstbewusst bedeutet, dass Sie sich Ihrer selbst bewusst sind. Gehen Sie also bewusst mit sich und Ihrem Leben um. Sie haben die Kontrolle.

2. Es gibt kein richtig oder falsch

In unserer Tempo- und Leistungsgesellschaft neigen einige dazu überwiegend zu funktionieren. Dann erscheint die eigene Umwelt häufig nur schwarz oder weiß, vielleicht noch etwas grau.

Dieses Schwarz-Weiß-Denken kann die eigenen Blickwinkel extrem einengen. Dabei kann die eigene Umwelt viel „bunter" sein.

Viele Menschen sind der Meinung, zwischen richtig und falsch unterscheiden zu können. Viele wollen einem klar machen, dass sie die einzigen sind, die die Wahrheit kennen. Ich teile eher die Ansicht des radikalen Konstruktivismus, welcher besagt, dass kein Mensch die Wahrheit kennt. Es gibt eher verschiedene Wirklichkeiten.

Paul Watzlawick teilt diese Wirklichkeiten in 1. Ordnung und 2. Ordnung ein. Ich möchte Ihnen das an einem Beispiel verdeutlichen.

Wenn Sie zum Beispiel das Buch, welches Sie jetzt gerade in Ihren Händen halten loslassen, dann fällt es herunter. Dies entspricht dem Gesetz der Schwerkraft. Diese Wirklichkeit ist für alle gleich, es sei denn, Sie leben nicht auf der Erde. Hierbei handelt es sich um eine Wirklichkeit 1. Ordnung, weil sich „objektiv" feststellen lässt, dass die Wiederholung derselben Untersuchung dasselbe Resultat ergibt.

Die Wirklichkeit der zweiten Ordnung wäre zum Beispiel dann vorhanden, wenn ich auf einen Tisch ein frisch gegrilltes Hähnchen stellen würde, an dem ein Vegetarier und ein „Fleischfreund" sitzen.

Dem einen wird daraufhin das Wasser im Mund zusammenlaufen, während der andere es tendenziell abstoßend findet.

Die Wirklichkeit ist aber dieselbe: Ein Hähnchen, nicht mehr und nicht weniger. Wir sehen aber, dass die Bewertung dieser Wirklichkeit unterschiedlich sein kann.

Die Wirklichkeit 2. Ordnung beruht ausschließlich auf der Zuschreibung von Sinn und Wert an diese Dinge (Paul Watzlawick).

Jeder sieht die Welt mit anderen Augen, mit seinen eigenen Augen, mit seinen subjektiven Blickwinkeln. Und doch haben viele Menschen häufig den Anspruch, dass das, was sie sehen, als das einzig Richtige und Wahre zu bewerten. Viele sind der Auffassung, dass ihre Wirklichkeit die Beste sein muss.

Es passiert daher sehr oft, dass Menschen ihre Wirklichkeit anderen aufdrängen wollen. Sie erzählen anderen, was richtig oder falsch ist oder wie sie etwas zu tun haben. Es ist es nicht verwerflich, sich Rat von anderen zu holen und sich mit deren Hilfe auf den Weg zu machen. Bedenken Sie dabei jedoch, dass es nicht Ihre eigene Wirklichkeit ist. Was für den einen richtig und gut ist, muss für Sie lange noch nicht richtig und gut sein. Wichtig ist, dass die Ideen von Lösungen und die Wege in Ihre Welt passen. Es ist Ihr Leben, nicht das Leben der anderen.

Sie konstruieren Ihre Welt nach Ihren subjektiven Meinungen und Erfahrungen aus Ihrer Vergangenheit. Daher sollten Sie auch akzeptieren, dass dies Ihre Weltanschauung ist und nicht die der anderen.

Wer das verstanden hat, vermeidet Ärger und Unmut in seinem Leben. Sie haben ein Recht auf Ihre Meinung, aber die anderen auch. Schauen Sie nicht zu sehr auf die anderen, sondern konzentrieren Sie sich auf sich selbst. Bleiben Sie bei Ihren Wünschen und Zielen. Gehen Sie Ihren eigenen individuellen Weg. Denken Sie daran: Es gibt kein richtig oder falsch. Es gibt nur verschiedene Wirklichkeiten. Tun Sie das, was Sie für sich als „gut" erachten.

Jetzt könnten Sie die berechtigte Frage stellen: „Was ist für mich gut?"

Den meisten Menschen fällt es sehr schwer zu sagen, was sie wollen. Es fällt häufig leichter, zu sagen, was man nicht mehr will. Es geht somit darum, die Dinge zu finden, die einem gut tun.

Wie kann man aber herausfinden was einem gut tut?

Die Antwort ist ganz banal: Finden Sie es heraus! Probiere Sie viele verschiedene Dinge aus. Bleiben Sie neugierig, machen Sie Sachen, die Sie sonst nicht machen! Sie können zum Beispiel eine andere Sportart ausprobieren oder ein neues Hobby für sich finden.

Die Meisten von uns „funktionieren" nur noch. Auf diese Weise machen Sie jeden Tag das Gleiche. Somit besteht die Gefahr, dass sich ein Schwarz-Weiß-Denken einschleichen kann. Vielleicht ist die Welt viel bunter?

Durch das „Funktionieren" können Sie die Zeit ganz anders wahrnehmen. Aus diesem Grund möchte ich diese „Zeitwahrnehmung" etwas genauer betrachten.

Jeden Morgen praktizieren wir das gleiche Aufstehritual, dann fahren wir den gleichen Weg zur Arbeit. Viele erledigen auf der Arbeit immer die gleichen Tätigkeiten. Anschließend geht es auf den gleichen Heimweg. Zu Hause angekommen, setzen sich einige vor den Fernseher und gehen dann zur gleichen Zeit schlafen. Am nächsten Tag fängt alles von vorne an. Je älter man wird, desto schneller vergeht (gefühlt) ein Jahr.

Kennen Sie das? Wenn schon wieder Weihnachten vor der Tür steht und man denkt: „Wo ist bloß das Jahr geblieben?" Manche fragen sich sogar, wo die letzten zehn Jahre geblieben sind.

Andere funktionieren seit Jahrzehnten nur noch und fragen sich, wo ihr ganzes Leben geblieben ist.

Bei Kindern ist das ganz anders, denn für Kinder dauert es gefühlt eine Ewigkeit, bis endlich wieder Weihnachten ist.

Woran liegt das?

Wir kennen unsere täglichen Abläufe und automatisieren diese. Je automatisierter unsere Handlungen sind, desto schneller vergeht (gefühlt) die Zeit. Der Grund dafür: Uns fehlen die Reize, die unsere Aufmerksamkeit in Anspruch nehmen. Mit Reizen sind Einflüsse aus der Umwelt gemeint, die wir noch nicht kennen oder nur selten wahrnehmen.

Für Kinder ist Vieles noch sehr interessant, weil sie Vieles noch nicht kennen. Daher ist ihre Aufmerksamkeit sehr hoch und die Reize sind sehr stark. Kinder spielen regelmäßig mit neuen Sachen und entdecken ihre Umwelt immer wieder neu.

Erwachsene kennen schon sehr viel und daher gibt es nur noch wenige Reize für sie im Alltag, die ihre volle Aufmerksamkeit benötigen. Erinnern Sie sich an ihre erste Fahrstunde, wie Sie hochkonzentriert überlegen mussten, welcher Gang wie eingelegt wird, wann Sie die Kupplung treten müssen und was Sie alles auf der Straße beachten müssen? Wie ist es heute?

Wer schon viele Jahre Auto fährt, braucht nicht mehr überlegen, wie er fahren muss. Stattdessen, kann man sich an die Fahrt zwischen A und B gar nicht richtig erinnern, weil man funktioniert. Dann vergehen vier Stunden Autobahnfahrt wie im „Flug". Die Zeit vergeht also „schneller", weil uns neue Reize fehlen, weil wir nur noch funktionieren und meist jeder Tag gleich verläuft.

Interessant ist zudem das Zeitphänomen im Urlaub: Wenn Sie 14 Tage in den Urlaub verreisen. Dann vergeht die erste Woche in der Regel langsam und die zweite Woche verfliegt ganz schnell. Hintergrund ist, dass Sie in der ersten Woche immer neuen Reizen ausgesetzt sind. Sie kennen das Hotel noch nicht, wissen nicht wie man zum Abendessen kommt oder wie Sie zum Meer kommen. Sie kennen den Ferienort noch nicht etc. Nach einer Woche jedoch kennen Sie viele Wege und auch einen Großteil der Umgebung, womit die Reize und somit Ihre Aufmerksamkeit reduziert werden. Dann vergeht die Zeit (gefühlt) wieder schneller.

Was können wir also machen, um (gefühlt) mehr Zeit von unserer Zeit zu haben?

Lernen Sie wieder bewusster durch Ihren Alltag zu gehen! Nehmen Sie Ihre Umgebung wieder bewusst wahr! Wie sieht Ihre Wohnung aus? Schauen Sie sich Ihre Bilder in der Wohnung genau an.

Hören Sie morgens genau hin, welche Geräusche Sie wahrnehmen können. Verändern Sie alltägliche Prozesse.

Vielleicht ändern Sie einmal Ihre morgendlichen Rituale:

- Wenn Sie zuerst duschen und dann etwas essen, dann machen Sie es jetzt genau umgekehrt.

- Putzen Sie sich die Zähne mit der anderen Hand (das ist gar nicht so einfach!).

- Nehmen Sie einen ganz anderen Weg zur Arbeit und lassen Sie sich überraschen was passiert.

Machen Sie etwas anders!

Hierbei handelt es sich um eine essentielle Grundregel, wenn es Ihnen nicht gut geht. Machen Sie etwas anders!

Sie waren aber dabei herauszufinden, was Ihnen gut tut.

Am Besten machen Sie eine Liste mit allen Dingen die Sie noch unbedingt machen wollen. Bitte achten Sie darauf, dass Sie beim Erstellen dieser Liste noch keine Bewertungen vornehmen, sonst ersticken Sie die Ideen sehr schnell im Keim mit Zweifeln.

Zu Zweifeln gehören Gedanken wie: „Das schaffe ich eh nicht, dafür werde ich nie das Geld haben..." usw.

Schreiben Sie daher erst einmal alles auf, was Ihnen spontan einfällt.

Denken Sie daran, dass Sie nur ein Leben haben, denn dann erlauben Sie sich auch ganz viele Ideen für dieses eine Leben.

Auch wenn sich einige Ideen völlig verrückt anhören, schreiben Sie diese dennoch auf.

Sie werden merken, dass dies gar nicht so einfach ist, weil wir uns in der Regel klare Grenzen setzen. Mit diesen Grenzen definieren wir für uns, was wir als realisierbar halten und was nicht.

Wenn Sie zum Beispiel vor dem Fernseher sitzen und eine Sendung über selfmade Millionäre in Florida sehen, wie diese ihren Tag in einer großen Villa am Wasser mit eigenen Boot und Dienstpersonal im Haus verbringen. Dann kann es sein, dass einige denken: „So möchte ich auch leben!" Aber nur die wenigsten trauen es sich zu, diesen Gedanken weiter auszubauen. Wir setzen uns Grenzen. Die Grenzen die wir uns setzen, überschreiten wir in der Regel nicht mehr. Klare Indizien dieser Grenzen sind Sätze wie „ich kann das sowieso nicht" oder „ich bin halt so" oder auch „dafür bin ich zu alt".

Doch wie entstehen solche Begrenzungen in uns?

Diese Grenzen entstehen aus unseren Überzeugungen; Überzeugungen über uns selbst und über unsere Welt. Nun stellt sich die Frage, woher diese Überzeugungen kommen.

Sie sind das Resultat unserer Erziehung, unserer Entwicklung, der über die Zeit angeeigneten Normen und unserer privaten und beruflichen Sozialisation.

In Ihrer Kindheit ist die Basis Ihrer Überzeugungen und Einstellungen entstanden.

Wenn Ihre Eltern Ihnen in Ihrer Kindheit ständig gepredigt haben, dass Sie niemandem trauen können, dann kann es sein, dass Sie heute der Überzeugung sind, dass Sie diese Einstellung für sich adaptiert haben. Somit war es für Sie schon immer schwer, Vertrauen anderen gegenüber aufzubauen.

Glaubenssätze aus der Erziehung gibt es viele.

Dazu gehören z.B. „nur wer ein Abitur hat, wird was", „Du musst immer der Beste sein", „sprich nicht mit Ausländern", „Fleisch ist ungesund". Diese Liste könnte endlos fortgesetzt werden.

Im Laufe Ihrer Entwicklung sind Sie auch an Grenzen gestoßen und haben Erfahrungen durch diese „Grenzerfahrungen" sammeln können. Hieraus haben sich mit der Zeit Überzeugungen entwickelt. Unsere Überzeugungen können uns helfen. Dennoch haben wir häufig irrationale Überzeugungen, welche uns daran hindern, uns weiterzuentwickeln und glücklich zu werden.

Das Problem mit den Überzeugungen liegt darin, dass in den seltensten Fällen regelmäßig überprüft wird, ob diese noch der Realität standhalten. Das bedeutet, dass Sie diese Überzeugungen leben und nach außen vertreten, ohne diese zuprüfen. Und häufig bremsen solche Überzeugungen Sie unbewusst auf Ihrem Weg zu Ihren Zielen aus.

Es ist daher wichtig zu verstehen, dass Sie diese Überzeugungen wieder ändern können. Nur weil Sie eine gewisse Erziehung „genossen" haben, müssen Sie nicht Ihr ganzes Leben nach diesen Regeln leben.

Überprüfen Sie genau, was Ihnen hilft und was Sie persönlich weiterbringt.

Alles, was Ihnen nicht gut tut und Ihnen im Weg steht oder sogar schadet, eliminieren Sie aus ihrem Gedankengut. Es ist Ihr Leben. Nicht das Ihrer Eltern, Lehrer oder sonstiger Menschen, die Ihnen Normen und Werte mitgegeben haben.

Wie können wir aber solche Einstellungen, die uns eher schaden als das sie uns weiterbringen, ändern?

Grundsätzlich sollten wir uns unser Verhalten bewusst machen. Erst, wenn wir bewusst wahrnehmen, können wir auch Kontrolle übernehmen und Veränderungen herbeiführen. Eine Methode dafür möchte ich Ihnen vorstellen.

Der Amerikaner Albert Ellis entwickelte die Rationale-Emotive Therapie (RET). Hier werden anhand eines ABC-Schema Überzeugungen analysiert.

A = Auslösendes Ereignis   (activating events)

B = Bewertung, Glaubenssätze   (belief systems)

C = Konsequenz (Gefühle, Verhalten)   (consequences)

Nehmen wir folgende Situation an. Sie fahren mit Ihrem Auto auf der Autobahn. Sie überholen auf der linken Spur und plötzlich, wie aus dem Nichts, fährt ein Mercedes hinter Ihnen (gefühlt hängt dieser schon an Ihrer Stoßstange). Dies ist nun das auslösende Ereignis „A".

Sie denken in dieser Situation möglicherweise: „Dieser blöde Mercedes-Fahrer! Der denkt auch, er hätte eine eingebaute Vorfahrt! Ständig müssen die Mercedes- oder BMW- Fahrer auf der linken Spur drängeln!"

Dies spiegelt jetzt Ihre Bewertung, Ihre Glaubenssätze „B" wider.

Nun die Konsequenz: Sie ärgern sich fürchterlich, haben einen erhöhten Pulsschlag und fahren von der linken auf die rechte Spur und heben zudem die Hand. Noch Stunden später erzählen Sie Ihren Freunden von diesem „blöden" Mercedes-Fahrer.

Ihre Gefühle sowie Ihr Verhalten „C" sind die Konsequenz aus „A" und „B".

Die Lebenskunst besteht darin die „irrationalen Glaubenssätze" (unlogisches Denken) zu erkennen und durch funktionale Glaubenssätze (logisches Denken) zu ersetzen.

Das Ereignis „A" können Sie primär nicht ändern, aber Ihre Bewertung „B". Somit verändert sich automatisch die Konsequenz „C".

Eine Denkalternative wäre beispielsweise: „Da hat es aber einer eilig! Der wird schon seinen Grund haben." Dann könnten Sie die Spur wechseln und weiterhin eine angenehme Fahrt haben.

Vielleicht rebellieren Sie jetzt innerlich etwas, weil Sie denken: „Toll, der hat seinen Willen bekommen." Doch tatsächlich wissen wir nie, was hinter den Ereignissen steht.

Lassen Sie mich Ihnen kurz die Geschichte zu dem Mercedes-Fahrer erzählen:

Der Mercedes-Fahrer heißt Andreas und ist ein liebevoller Familienvater mit drei Kindern.

Andreas hat 20 Minuten vor der beschriebenen Situation einen Anruf aus einem Krankenhaus erhalten und erfahren, dass seine Frau einen schweren Unfall gehabt hat. Sie liegt jetzt auf der Intensivstation.

Andreas hat sich sofort mit seinem Mercedes auf den Weg gemacht und hat panische Angst, seine geliebte Frau zu verlieren.

Jetzt kennen Sie die Hintergründe, die Sie sonst bei Ihren Bewertungen zu anderen Menschen oft nicht kennen. Wie sehen Sie das Ereignis jetzt?

Es gibt unterschiedliche Bewertungen und Glaubenssätze und somit verschiedene Wirklichkeiten. Achten Sie daher auf Ihre Bewertungen und Glaubenssätze, denn damit entstehen Ihre Grenzen und die Grenzen zu anderen Menschen. Das bedenkliche liegt darin, dass viele Ihrer Bewertungen und Glaubenssätze durch ein einziges oder ggf. zweimaliges Ereignis festsetzen. Dann findet in der Regel eine Generalisierung statt.

Ich hatte eine Klientin, die sagte, alle Männer seien schlecht. Daraufhin fragte ich sie, woher sie diese Information hätte. Sie sagte, dass ihr letzter Freund ein Vollidiot war und ihr Freund davor hatte sie auch betrogen. Die Klientin schöpft also aus nur zwei Erfahrungen ihren festen Glaubenssatz, dass alle Männer schlecht sind.

Diese kleine Geschichte steht stellvertretend für viele Geschichten, bei denen es dazu kommt, dass wir zu schnelle, generalisierte Bewertungen und Glaubenssätze entstehen lassen.

Die Klientin nimmt sich durch diese irrationalen Glaubenssätze die Chance, einen Mann kennen zu lernen, welcher sie liebt und ehrt, wonach sie sich sehnt. Es ist also wichtig irrationale Glaubenssätze zu erkennen und durch funktionale zu ersetzen.

Ich habe Ihnen zu Beginn des Kapitels die Aufgabe gegeben, eine Liste zu erstellen. Wenn Sie diese fertig gestellt haben, filtern Sie bitte die zehn wichtigsten Punkte heraus. Schreiben Sie diese groß auf ein Blatt Papier und hängen Sie dieses so auf, dass Sie es jeden Tag sehen können.

Ab jetzt machen Sie jeden Tag so viel wie möglich von diesen Dingen! Die Grundregel lautet dabei: „Tun Sie mehr vom dem, was Ihnen gut tut!"

Wenn Sie dies beherzigen, dann werden Sie merken, dass es Ihnen von Tag zu Tag immer besser gehen kann!

Wie Sie jetzt wissen, sind es meist nicht die Umstände selbst, die uns Probleme bereiten, sondern unsere Bewertungen und Einstellungen zu diesen. Aber die Dinge müssen nicht immer so sein wie wir sie sehen.

Hierzu passt auch das folgende Zitat:

Die Dinge sind nicht so,wie sie sind.
Sie sind immer das,
was man aus ihnen macht. (Mies van der Rohe)

Es ist wichtig, Veränderungsmöglichkeiten in den Fokus zu nehmen. Sie alleine entscheiden für sich, was für Sie gut ist und was nicht.

Vieles was für andere gut ist, muss für Sie noch lange nicht gut sein. Sie haben Ihre eigene Wirklichkeit. Genau das macht Sie aus. Erlauben Sie sich so zu sein, wie Sie sind.

Es gibt kein richtig oder falsch für Sie. Es gibt nur unterschiedliche Möglichkeiten.

Nehmen Sie die Sachen, die Ihnen gut tun, sehr ernst.

Machen Sie so viel wie möglich von diesen Dingen, damit es Ihnen gut geht, damit Sie zufrieden sind und damit Sie ein glückliches Leben führen können.

Denken Sie daran, dass Sie nur ein Leben haben! Leider nutzen wir unsere Zeit oft nicht für uns. Bei vielen ist das Leben stark gefüllt mit Aufgaben und Verpflichtungen. Das Leben ist zwar gefüllt, aber nicht „er-füllt".

Wir haben oft den Eindruck, dass es noch ein Morgen gibt, an dem wir glücklich sein können. Doch leider gibt es keine Garantie für ein Morgen. Natürlich können wir nicht immer so leben, als sei es der letzte Tag. Das wäre natürlich „ver-rückt", doch Sie können bewusster mit jedem einzelnen Tag in ihrem Leben umgehen.

Hierzu eine kleine Geschichte:

Ein Mann geht in sein Schlafzimmer und nimmt aus dem Schrank eine Kette seiner Frau, welche er ihr zu ihrem 10. Hochzeitstag dieses Jahr geschenkt hat. Sie hat sich damals so sehr darüber gefreut und gesagt: „Diese Kette ist so schön! Ich werde sie nur zu wichtigen Anlässen tragen, die wir zusammen besuchen."

Als er nun diese Kette in seinen Händen hält, sieht er genau ihr Lächeln von damals und ihre leuchtenden Augen dazu.

Er glaubt, dass jetzt ein wichtiger Anlass gekommen sei und legt die Kette zu den anderen Sachen, die das Beerdigungsinstitut abholt, denn seine Frau ist gestern gestorben. Sie war erst 35 Jahre jung.

Solche Geschichten holen uns für einen kurzen Augenblick aus der „Problemwelt" des Alltags heraus.

Solche Geschichten werfen aber häufig auch Fragen auf.

Fragen wie:

- „Lebe ich mein Leben überhaupt nach meinen Wünschen und Vorstellungen?"

- „Wenn es mich morgen nicht mehr geben würde, was hinterlasse ich in dieser Welt?"

- „Wissen die Menschen, die ich wirklich liebe und brauche, dass ich so fühle? Sage ich Ihnen das regelmäßig?"

- „Wenn ich nur noch einen Monat zu leben hätte, was würde ich dann noch alles machen? Warum mache ich das eigentlich nicht jetzt schon?"

- „Was tue ich zur Zeit in meinem Leben, um ein erfülltes Leben zu haben?"

- „Welche Menschen wollte ich schon immer wieder sehen? Bei welchen Menschen wollte ich mich schon lange für mein Verhalten entschuldigen?"

- „Bin ich dankbar dafür, wenn ich morgens aufwache und einen neuen Tag leben darf?"

Ich weiß, dass das schon sehr tiefgreifende Fragen sind, doch es kann wichtig sein, sich solche Fragen zu stellen.

Wer sich und sein Leben regelmäßig reflektiert, der kann sich entwickelt und kann mehr Kontrolle über sein Leben ausführen, anstatt sich vom Leben und seinen Umstände kontrollieren zu lassen.

Die Entscheidung liegt bei Ihnen. Es ist ihr Leben.

Es gibt nicht nur schwarz oder weiß, es gibt kein richtig und kein falsch. Das Leben ist viel bunter!

3. Hören Sie auf Ihren Körper

Im letzten Kapitel habe ich Sie gebeten, eine Liste zu erstellen mit den wichtigsten Sachen, die Ihnen gut tun. Und diese Dinge können Sie so oft wie möglich in Ihren Alltag integrieren. Es gibt dabei auch grundsätzliche Dinge, die Sie beachten können. Vielen Menschen geht es nicht gut, sie fühlen sich abgeschlagen, müde, unmotiviert und sind nicht zufrieden. Diese Menschen leiden dann aber nicht unter einer Depression oder sind krank. Sie beachten die Grundsätze für ihren Körper nicht. Die Deutschen pflegen ihr Auto oftmals besser und konsequenter als ihren eigenen Körper. Die Grundregel besagt: Hören Sie auf Ihren Körper!

Wenn es Ihnen nicht gut geht, dann sollten Sie sich fünf grundsätzliche Fragen stellen:

1. Wann haben Sie zuletzt etwas getrunken?

2. Wann haben Sie zuletzt etwas gegessen?

3. Wann haben Sie sich zuletzt bewegt?

4. Wann haben Sie zuletzt geschlafen?

5. Mit wem haben Sie geschlafen?

So humorvoll oder simple es auch klingen mag: Es ist wirklich maßgeblich, sich diese Fragen zu stellen. Der Inhalt der Fragen wird auch bei einer psychischen Exploration (Erkunden bestimmter Sachverhalte und Stimmungen) abgefragt. Auch Dr. Eckart von Hirschhausen, verwendet diese fünf Fragen oft in seinem Bühnenprogramm.

Zur Bedeutung der Fragen.

1. Wann haben Sie zuletzt etwas getrunken?

Wie viel Wasser haben Sie heute schon getrunken? Schaffen Sie mindestens 1,5 Liter Wasser am Tag zu trinken? Über die ausreichende Menge an Wasser gibt es sehr viele unterschiedliche Meinungen. Wenn Sie sich im Internet auf die Suche machen, finden Sie im Durchschnitt die Menge von 1,5 Liter Wasser.

Viele schaffen es nicht und einigen ist das auch gar nicht bewusst. Unser Körper braucht aber genug Flüssigkeit, um gut arbeiten zu können. Alle Organe benötigen ausreichend Flüssigkeit. Defizite machen sich schnell bemerkbar: wir sind müde, können uns nicht gut konzentrieren, sind schneller anfällig für Infekte, die Darmtätigkeit wird schlechter u.v.m.

Achten Sie darauf, dass Sie genug Flüssigkeit zu sich nehmen.

2. Wann haben Sie zuletzt etwas gegessen?

Essen Sie regelmäßig? Was essen Sie? Ernähren Sie sich gesund oder greifen Sie eher zum Fastfood? Der Spruch: „Du bist, was Du isst", kommt nicht von ungefähr. Die Nahrung, die Sie aufnehmen, vor allem auch die „Geistige Nahrung", kann große Auswirkungen auf Ihr Wohlbefinden haben.

Wie ich schon erwähnt habe, pflegen viele Deutsche ihre Autos besser als sich selbst. Aber woran liegt das?

Vielleicht, weil es einige vermeiden, einige sogar aktiv verdrängen, sich mit ihrer Gesundheit zu beschäftigen.

Das ist anstrengend, man muss sich bewusst machen, dass Vieles, was wir zu uns nehmen uns schadet. Wir kommen oft erst zu Bewusstsein, wenn wir krank werden. Dann nehmen wir uns gezwungenermaßen Zeit für unseren Körper. Wenn der Infekt da ist, dann legen wir uns endlich auf das Sofa und ruhen uns aus. Wenn wir Magenkrämpfe haben, dann gehen wir nicht zu Mc Donald´s oder zum Imbiss. Aber wehe, es geht uns wieder besser. Dann vergessen wir schnell die Schmerzen und Sorgen von gestern und benehmen uns wieder wie zuvor.

Das interessante ist, dass viele der Meinung sind, mir passiere nichts im gesunden Zustand. Doch diese trügerischen Überzeugungen können gefährlich sein und blenden die Wirklichkeit häufig aus.

Der Raucher sagt: „Ich hatte einen Herzinfarkt, aus dem nichts heraus". Es gab vorher keine Anzeichen, von heute auf morgen. Oder lassen Sie es den Schlaganfall sein. Oder der Fastfood-Fan hat nach 5 Jahren ein Gewicht von 150 Kg und kann kaum noch atmen, wenn er eine kleine Treppe rauf muss. Das sind die so genannten schleichenden Prozesse.

Das sind hinterlistige Prozesse, weil sie uns unbewusst manipulieren. Wenn etwas schrittweise und langsam täglich in unser Leben integriert wird, lassen wir es oft unbewusst geschehen. So kommt es dann, dass Menschen auf einmal 150 Kg oder 200 Kg wiegen, weil es über eine längere Zeit erfolgt ist und in das Leben integriert wurde.

Stellen Sie sich vor, Sie wachen morgen früh auf und wiegen 150 Kg mehr. Was würden Sie machen?

Sie würden sofort den Rettungsdienst rufen: Das ist ein Notfall!

Doch wenn es langsam über Jahre verläuft, dann „lassen" es einige zu.

Und was glauben Sie: Wie lange das gut geht?

Bis der Körper sich mit einer neuen Krankheit wieder bemerkbar macht. Dann kommt wieder das Bewusstsein. Dann denken viele wieder über ihre Gesundheit nach.

Das Thema essen ist für viele ein Buch mit sieben Siegeln. Es gibt so viel verschiedene Meinungen, was richtig oder falsch sei. Es gibt viele Bücher über Ernährung. Daher möchte ich das Thema nicht vertiefen. Wie Sie bereits erfahren haben, gibt es kein „richtig oder falsch", sondern nur Ihre Wirklichkeit. Wichtig ist beim Thema Essen, dass das, was Sie zu sich nehmen, Ihnen gut tut. Hören Sie auf Ihren Körper.

Sie können sich ausgewogen ernähren: Achten Sie darauf, dass Sie keine einseitige Ernährung zulassen. Sich etwas komplett zu verbieten macht häufig keinen Sinn, da das Bedürfnis nach der verbotenen Substanz immer größer werden kann. Also lieber mal ein Stück Schokolade, als sich diese völlig zu verbieten. Schlecht ist es nur, wenn es dann eine ganze Tafel Schokolade wird. Ja, hier ist Konsequenz gefordert. Genießen Sie in Maßen statt in Massen.

3. Wann haben Sie sich zuletzt bewegt?

Wie viel bewegen Sie sich am Tag? Wie viele Schritte gehen Sie am Tag? Gute Frage?

Es ist erschreckend, wenn man sich mal einen Tag bei jemandem, der im Büro arbeitet, betrachtet. Nach dem Aufwachen steigt er aus dem Bett. Er setzt sich an den Frühstückstisch, sitzt während der Autofahrt, sitzt anschließend im Büro an seinem Schreibtisch, am Mittag wird in der Kantine gesessen und nach Feierabend auf dem Sofa, bevor es schließlich ins Bett geht.

Wenn es gut gelaufen ist, ist er am Tag auf 2000 Schritte gekommen. Wir sollten aber am Tag auf 10.000 Schritte kommen (Diese Zahl wird in verschieden Quellen im Internet am häufigsten genannt).

Natürlich geht es nächsten Tag genauso weiter und weil die Woche so anstrengend gewesen ist, bleibt er das ganze Wochenende auf dem Sofa.

Was meinen Sie, warum in Deutschland jeder dritte über Rückenschmerzen klagt? Vielleicht erkennen Sie sich auch an einigen Stellen wieder?

Ich habe mich persönlich sehr erschrocken, nachdem ich mir einen Schrittzähler zugelegt hatte und abends die Zahlen sah: 4500 Schritte. Also bin ich am Abend noch mal raus gegangen und habe einen großen Spaziergang gemacht. Nach 40 Minuten hatte ich dann knapp 9500 Schritte getätigt. Die restlichen 500 konnte ich Zuhause gut erledigen. Erst dann ist mir richtig klar geworden, was es bedeutet, 10.000 Schritte am Tag zu bewerkstelligen.

Bewegung ist wichtig. Daher sollte man sich überlegen, wie man seinen Alltag durch mehr Bewegung aufzulockern schafft.

Hier habe ich einige Ideen für Sie:

- Nehmen Sie die Treppe, egal wie hoch Sie müssen.

- Laufen Sie während eines Telefonat hin und her.

- Machen Sie, wann immer Sie können, einen kleinen Mittagsspaziergang (auch wenn es „nur" zehn Minuten sind).

- Parken Sie Ihr Auto weiter weg.

- Machen Sie abends einen kleinen Feierabend-Spaziergang.

- Steigen Sie, wenn Sie mit dem Bus oder der Bahn fahren, eine Station früher aus und gehen Sie den Rest des Weges zu Fuß.

- Fahren Sie bei guten Wetter mit dem Fahrrad zur Arbeit.

Denken Sie daran, dass der Bewegungsmangel ein „schleichender" Tod ist. Wer sich nicht ausreichend bewegt, kann krank werden.

Was zusätzlich wichtig ist, ist, dass Bewegungsmangel der Nährboden für psychische Erkrankungen sein kann, wie zum Beispiel Depressionen. Daher ist es wichtig, dass Sie sich ausreichend bewegen. Bewegung tut gut, baut Stress ab und sorgt für gute Stimmung.

Sie müssen sich jetzt nicht gleich im Fitnessstudio anmelden oder eine Sportart finden. Jede Art von „vernünftiger" Bewegung ist gut für Sie.

Viele fangen gar nicht erst an, weil Sie sich Ausreden einfallen lassen. Das weit verbreitetste Argument gegen Bewegung ist: „Ich habe keine Zeit!"

Ich glaube Ihnen, dass Sie keine Zeit haben, weil Sie Ihre Zeit für was anders verbrauchen. Wir haben alle das gleiche tägliche Zeitkontingent von 24 Stunden. Keiner hat mehr oder weniger Zeit. Im Gegensatz zum Geld ist die Zeit für alle identisch und gerecht verteilt. Aber es ist ähnlich wie mit dem Geld: Einige verschwenden Ihre Zeit - andere nutzen sie. Sie können keine Zeit aufsparen, was Sie mit Geld machen können. Jede Sekunde, die vergangen ist, ist für immer weg. Ihre Zeit, die Sie täglich zur Verfügung haben, sind immer 24 Stunden.

Es kommt auf Ihre Entscheidungen an, wie Sie diese Zeit einteilen. Um mit Ihrer Zeit für sinnvoll umzugehen, können Sie sich mit dem Thema „Zeitmanagement" beschäftigen. Wenn ich Seminare halte über Zeitmanagement, dann ist es mir sehr wichtig, dass die Teilnehmer meinen Ansatz verstehen. Einige Gründer des „Zeitmanagements" haben als Ziel hinter dem Ziel, dass die Menschen noch mehr Zeit haben, um noch mehr arbeiten zu können. Mehr effektive Zeit für mehr Produktivität.

Mein Ziel hinter dem Ziel hingegen ist es, dass die Teilnehmer lernen, ihre Zeit für sie besser einzuteilen und ihre Prioritäten besser und bewusster setzen. Ich möchte erreichen, dass die Teilnehmer mehr Zeit für die Sachen haben, die ihnen gut tun.

Sollte es so sein, dass ihre Arbeit Ihnen gut tut, dann kann auch das das Ergebnis sein: Mehr Zeit für die Arbeit.

Zeit ist also eine Frage Ihrer Prioritäten. Wenn Sie sagen, Sie haben keine Zeit für einen Spaziergang am Abend, weil Sie sich vor dem Fernseher entspannen möchten, dann ist Ihnen das Fernsehen wichtiger als ein Spaziergang. Wenn Sie am Wochenende lieber eine halbe Stunde länger schlafen und dafür nicht vor dem Frühstück walken möchten, dann ist Ihnen der Schlaf wichtiger, als die Bewegung.

Wenn Sie keine Zeit haben, um etwas zu machen, dass Ihnen gut tut, dann machen Sie in dieser Zeit etwas anderes! Es ist Ihre Zeit, Sie entscheiden, was Sie damit machen.

Bewegung muss nicht immer das große Workout sein. Ein Spaziergang reicht aus, um den Folgen des Bewegungsmangels aus dem Weg zu gehen. Der Spaziergang ist auch eine Wohltat für die Seele.

Man sagt so schön „Wenn man nach einem Spaziergang wieder kommt, ist man nicht mehr der Gleiche".

Durch die Bewegung kann Ihr Gehirn besser denken, Sie können Stress abbauen und sind kreativer, finden somit oft bessere Lösungen. Wenn Ihre Stimmung schlecht ist oder Sie keine Lösungen finden, gehen Sie spazieren. Lassen Sie sich überraschen.

4. Wann haben Sie zuletzt geschlafen?

Der Schlaf ist wichtig für jeden Menschen. Hierüber gibt es viele Mythen. In Anlehnung an das Buch „Schlaftraining" von Tilmann Müller und Beate Paterok (2010) möchte ich Ihnen einige Informationen über den Schlaf geben, damit Sie mit dem Thema Schlaf behutsam umgehen und für Störungen sensibilisiert werden.

Menschen verbringen ein Drittel des Lebens schlafend. Alleine mit diesem Wissen, sollte einem bewusst werden, wie wichtig es ist, die übrige Zeit sinnvoll zu nutzen. Obwohl wir so viel Zeit mit schlafen verbringen, ist das Wissen über den Schlaf bei einigen gering. Einige setzen sich mit dem Thema erst auseinander,... - Was glauben Sie? Genau! Erst wenn es ihnen schlecht geht, wenn die Schlafstörungen da sind.

Der Schlaf kann auf Grund der heutigen Schlafforschung in folgende Abläufe gegliedert werden:

Wachzustand:

Wenn wir uns ins Bett legen, haben wir erstmal den sogenannten „Wachzustand": Wir machen das Licht aus, suchen uns unsere individuelle Schlafposition. Unsere „Lieblingsschlafposition" ist meistens die Gleiche. Zu diesem Zeitpunkt ist der Schlaf noch nicht eingetreten. Langsam werden wir entspannter, trotzdem sind die Muskeln noch angespannt und die Augen bewegen sich.

Einschlafstadium:

In der Regel, wenn wir keine Schlafstörungen haben, setzt nach ein paar Minuten das „Einschlafstadium" ein. Es kommt zu rollenden Augenbewegungen. Es kann sein, dass uns noch ein paar Gedanken im Kopf herumschwirren. Wir fangen an zu dösen. Wenn wir jetzt aufwachen, kann es sein, dass wir nicht genau wissen, ob wir schon geschlafen haben. Unser Bewusstsein ist hier noch nicht abgeschaltet. Wir verbringen ca. 10% der Nacht in diesem Stadium.

Leichter Schlaf:

Unsere Augen sind jetzt ruhig. Unsere Muskeln entspannen sich mehr, unser Bewusstsein ist immer noch nicht ganz abgeschaltet. In dieser Phase sind wir daher noch leicht erweckbar. In diesem Stadium verbringen wir circa die Hälfte der Nacht.

Tiefschlaf:

Jetzt ist der Stoffwechsel verlangsamt, der Blutdruck fällt ab und der Herzschlag und die Atmung werden langsamer. Wir sind jetzt tiefenentspannt und alles läuft auf „Sparmodus". Der Körper ist jetzt auf Regeneration und Erholung eingestellt. Unser Bewusstsein reagiert immer noch auf lebenswichtige Signale von außen. Wir verbringen ca. 20% der Nacht im Tiefschlaf.

Traumschlaf (REM):

In diesem Stadium ist die Muskelspannung fast ganz aufgehoben und die Augen bewegen sich ganz schnell. Der Blutdruck steigt wieder, die Atmung und der Herzschlag werden schneller und unregelmäßiger. Werden wir in diesem Stadium geweckt, berichten wir häufig, dass wir geträumt haben. Interessant ist, dass unser Gehirn in diesem Stadium dafür sorgt, dass unsere Muskeln wie gelähmt sind, sonst würden wir jede geträumte Bewegung tatsächlich ausführen. Hier verbringen wir ca. 20% der Nacht.

Eine Frage taucht im Kontext Schlaf immer wieder auf: „Wie viel Schlaf ist für mich gesund?". Und genau diese Frage kann die Schlafforschung nicht allgemeingültig beantworten. Die Schlafzeit ist sehr individuell.

Wichtig ist hier zu verstehen, dass nicht die Quantität, sondern die Qualität des Schlafes relevant ist.

Im Alter verändert sich der Schlaf. Bei Älteren wird der Tiefschlaf immer weniger und sie haben häufiger das Bedürfnis, am Tage ein Schläfchen zu halten.

Unterschiede gibt es auch beim Aufstehen. Es gibt Menschen, die ganz früh morgens schon wach sind und gute Laune haben. Man bezeichnet diese Menschen auch als „Lerchen". Wer zu den „Lerchen" zählt, der kann sehr früh aufstehen und ist meist leistungsfähig, arbeitet vor Allem am Vormittag gut und geht in der Regel früh schlafen, - meistens weit vor Mitternacht.

Dann gibt es die „Nachtschwärmer", die die Nacht zum Tag machen und erst spät aufstehen. Diese werden als „Eulen" bezeichnet. Wer zu den „Eulen" zählt, der steht meist erst am späten Vormittag auf, arbeitet am Besten am späten Abend und geht erst sehr spät bzw. früh ins Bett, - weit nach Mitternacht.

Aber woran liegt das, dass die einen früh aufstehen können und die anderen nicht?

Ein sehr wichtiger Faktor spielt hier die Körpertemperatur. Unsere Körpertemperatur ist am Tage auf ihrem Höhepunkt und in der Nacht etwas reduziert, hier gibt es Abweichungen von +/- 1 Grad Celsius innerhalb von 24 Stunden. Doch diese geringe Veränderung hat großen Einfluss auf uns. So hat die „Lerche" am frühen Morgen schon die optimale Körpertemperatur, um in den Tag zu starten; die „Eulen" brauchen dagegen am Morgen ein paar Stunden länger, bis sie auf „Betriebstemperatur" sind.

Deshalb kann jemand, der eher ein Nachtmensch ist, auch nicht „einfach" zum Frühaufsteher umerzogen werden. Hier reicht der alleinige Wille nicht aus. Gerade Kinder und Jugendliche haben es auch aus diesem Grund sehr schwer früh aufzustehen. Sie zählen vorwiegend zu den „Eulen".

Wenn wir mal nicht gut schlafen können, haben wir nicht gleich eine Schlafstörung. Es ist ganz normal, wenn wir gestresst sind oder viele Sorgen haben, dass wir nicht gut schlafen können.

Wenn es jedoch länger als einen Monat anhält und die Leistungsfähigkeit am Tage beeinträchtigt wird, ist es zu empfehlen, professionelle Hilfe einzuholen.

Häufig können wir aber nicht so gut schlafen, weil wir gewisse Grundregeln für einen guten Schlaf nicht beachten.

Daher liste ich Ihnen Ideen auf, wie Sie einen gesunden und erholsamen Schlaf unterstützen können. Diesen Bereich bezeichnet man als „Schlafhygiene". Diese ist vor allem dann wichtig, wenn es bereits zu Schlafstörungen gekommen ist. Alle, die einen gesunden Schlaf haben, können diese Ideen individuell anwenden.

Die Schlafhygiene

Die Schlafhygiene bezeichnet Verhaltensweisen und Umstände, die dazu beitragen, dass man einen erholten und gesunden Schlaf bekommt.

Einige wichtige Punkte der Schlafhygiene:

1. Regelmäßige Schlafzeiten

Es ist wichtig, dass Sie immer zu gleichen Zeit ins Bett gehen und das Bett auch zu den gleichen Zeiten verlassen.

Dies gilt auch für das Wochenende. Vielleicht werden jetzt einige „aufschreien" und sagen: „Aber gerade am Wochenende kann ich mal so richtig ausschlafen".

Für die Schlafqualität kann es jedoch kontraproduktiv sein. Oft ist es so: Wenn Sie mehr Stunden schlafen als sonst, dann sind Sie danach müde und nicht erholt. Sie kennen das vielleicht, wenn Sie mal auf eine Party eingeladen sind und viel länger aufbleiben als sonst.

Wenn Sie dann gegen 03:00 Uhr morgens ins Bett gehen, werden Sie am Tage merken, dass Sie nicht wirklich „durchkommen". Das kann daran liegen, dass Sie Ihren gewohnten Rhythmus unterbrochen haben. Für den Körper ist es wichtig, dass er einen gesunden Rhythmus hat.

2. Schlafen Sie nicht am Tag

Ein kleines Nickerchen am Tage kann zu einer Erholung führen, wenn man es korrekt macht. Zum Beispiel nur ein Nickerchen vor 15:00 Uhr machen und maximal 20-30 Minuten. Alles was nach 15:00 Uhr ist und länger dauert, kann den Schlafdruck für die Nacht reduzieren und kann zu Störungen führen.

3. Achten Sie darauf, was Sie vor dem Zubettgehen machen.

Zwei bis drei Stunden vor dem Zubettgehen keinen Alkohol trinken. Geringe Mengen Alkohol können zwar das Einschlafen unterstützen, aber schon ab dem zweiten Glas kann Alkohol zu einer Minderung der Schlafqualität führen.

Auch Kaffee oder andere koffeinhaltige Getränke können stören. Ein voller Magen wirkt einem guten Schlaf zusätzlich entgegen. Sportliche Aktivitäten nach 20 Uhr können auch problematisch sein.

4. Schlafen Sie dort, wo Sie sich wohl fühlen.

Gestalten Sie Ihr Schlafzimmer nach Ihren individuellen Vorstellungen und Bedürfnissen. Ihr Körper und Ihre Gesundheit würden es Ihnen danken.

Wichtig ist es auch, eine Pufferzeit zwischen Ihrem Alltag und dem Zubettgehen einzuplanen. Gut kann es sein, wenn Sie vor dem Schlafen zur Ruhe kommen und sich auf Erholung einstellen. Trennen Sie Ihre Gedanken vom Alltagsstress. Um störende Gedanken vor dem Schlafen abzuschalten, gibt es unterschiedliche Möglichkeiten:

- Nutzen Sie die „Stopp-Signale".

- Schreiben Sie Ihre Gedanken in ein Tagebuch.

- Wenden Sie Entspannungsverfahren an, wie z.B. Autogenes Training, Progressive Muskelentspannung.

- Schauen Sie sich Fotos von schönen Erlebnissen an.

Probieren Sie aus, was Ihnen persönlich am Besten hilft. Und auch hier gilt: Regelmäßigkeit! Machen Sie die Sachen regelmäßig, damit es zu einer Gewohnheit wird. Denn wenn Sie sich regelmäßig negative Gedanken vor dem Einschlafen machen und „Sorgenfilme ablaufen lassen", wird auch dieses negative Gedankengut zur Gewohnheit.

5. Ihr Bett ist nur zum Schlafen da!

Mit Ihrem Verhalten machen Sie Orte zu dem, was sie für Sie sind. Im Bett sollten Sie nur schlaffördernde Verhaltensweisen haben. Dazu zählt nur das Schlafen! Sachen wie fernsehen, arbeiten, essen und trinken oder grübeln sollten Sie nicht im Bett machen. Das Bett ist nur zum Schlafen da.

Eine Ausnahme gibt es: das Lesen. Sie können im Bett lesen, um zur Ruhe zu kommen und die Müdigkeit zu fördern. Aber auch hier zählt der Inhalt des Buches: Wenn es Themen sind, die Sie aufwühlen und anspannen, dann ist es nicht das passende Buch für das Bett. Übrigens: Auch Sex ist eine gute Sache für einen guten Schlaf.

6. Vermeiden Sie, nachts auf die Uhr zu schauen

Hierdurch kann es zu dem Gefühl kommen: „Oh, schon fast 03:00 Uhr und ich muss schon bald aufstehen... jetzt muss ich aber schlafen!"

Damit setzen Sie sich unter Druck und das kann wieder schlecht für den Schlaf sein.

Fazit:

Wer seine Schlafhygiene verbessert, verbessert seinen Schlaf.

Natürlich zählt das nur für Schlafstörungen, die nicht organisch bedingt sind. Daher sollten Sie grundsätzlich bei Schlafstörungen körperliche Störungen vom Arzt ausschließen lassen.

5. „Mit wem haben Sie geschlafen?"

Die Frage bezieht sich auf Ihre sozialen Beziehungen. Wir sind soziale Wesen und brauchen deshalb auch andere Menschen. Wir alle brauchen Anerkennung, Wertschätzung, Nähe und Geborgenheit. Das sind gewisse Grundbedürfnisse, die wir haben. Diese sind bei jedem etwas anders ausgeprägt.

Es kann von Bedeutung sein, ob Sie alleine schlafen oder mit jemanden zusammen.

Fazit:

Gerade, weil wir durch die Leistungsgesellschaft quasi dazu gedrängt werden, nur noch zu „funktionieren" und wir uns dadurch keine wirkliche Zeit mehr für uns nehmen, kann es helfen, wenn wir uns selbst viel bewusster wahrnehmen.

Hören Sie auf Ihren Körper!

Er teilt Ihnen mit, was er braucht.

4. Beziehungen sind wertvoll.

Wir sind soziale Wesen und soziale Wesen brauchen einander. Die Menschen um uns herum prägen unser Leben. Wenn wir Freunde haben und eine stabile Partnerschaft, dann haben wir schon die wichtigsten Faktoren im Leben gesichert.

Wie bereits im vorherigen Kapitel erwähnt, ist eines meiner Arbeitsschwerpunkte die Paartherapie. Daher möchte ich die Paartherapie mit Ihnen jetzt etwas genauer betrachten.

In dem Bereich der menschlichen Beziehungen gibt es kein richtig oder falsch. Aber es gibt Faktoren, die eine Beziehung fördern und auch solche, die eine Beziehung nicht fördern.

Lassen Sie mich beim Kennenlernen anfangen. Ich stelle immer häufiger fest, dass Paare schon nach kürzester Zeit maßgebliche Entscheidungen für die Beziehung treffen. Die einen kennen sich gerade mal vier Wochen und ziehen schon zusammen, andere kennen sich drei Monate und heiraten. Es wird sich teilweise gar keine Zeit mehr genommen, den anderen besser kennen zu lernen.

Oft steht die Angst vor dem allein sein dahinter. Aus dieser Angst heraus werden dann voreilige Entscheidungen getroffen. Und aus diesen voreiligen Entscheidungen entstehen große Enttäuschungen. Wie das Wort schon vorgibt: Die Enttäuschung bedeutet, dass man sich vorher täuschen lassen hat und jetzt ent-täuscht worden ist.

Häufig kann es für die Beziehung wertvoll sein, wenn sich mehr Zeit für das Kennenlernen genommen wird.

Vielleicht mögen Sie jetzt einwerfen: „Es gibt doch sowieso keine Garantie, dann brauche ich auch nicht ein Jahr zu warten!"

Ja, ich gebe Ihnen hier gerne Recht, dass es grundsätzlich keine Garantie im Leben gibt, aber die Chance auf eine gute Beziehung mit einer gereiften, langen und vertieften Kennenlernphase ist bei vielen Paaren „gesünder" für die Beziehung.

Alles im Leben hat seine Zeit und alles im Leben braucht seine Zeit. Es kann passieren, wenn keine Geduld aufgebracht wird, dass es zu Enttäuschungen kommen kann. Es ist so, als wenn Sie Erdbeeren in Ihrem Garten pflanzen und diese nach vier Tagen schon ernten wollen.

Ich möchte damit sagen, dass die Paare, die sich im Gegensatz zu anderen Paaren Zeit lassen, einen besseren Nährboden für eine lange und gute Beziehung haben können.

Viele Paare sind sehr gut darin, sich alles „schön zu reden". Durch die Angst vor dem allein sein oder der Angst jemanden zu verlieren, also der Verlustangst, ertragen viele Menschen innerhalb von Beziehungen ganz schön viel. Da gibt es die Frauen, die innerhalb ihrer Beziehung geschlagen und gedemütigt werden und die Beziehung trotzdem nicht verlassen und es gibt Männer, die schon lange total unglücklich sind und auch nicht gehen. Woran liegt das?

Für einige ist die Angst vor Veränderung, also die Angst vor etwas Neuem, was wir nicht kennen, größer als der „Status quo".

Was wir kennen, macht uns weniger Angst und so kommt es, dass Menschen lieber dort bleiben, wo es ihnen schlecht geht und sie unglücklich sind.

Dort kennen Sie die Situationen und müssen sich der Veränderung nicht stellen. Sie können es nicht ertragen, dass Ungewisse auf sich zukommen zu lassen.

Einige sagen, dass der Schmerz noch nicht groß genug zum Handeln ist.

Es gibt einige Grundregeln die dazu beitragen, eine gute und stabile Beziehung aufzubauen. Einer der wichtigsten Faktoren ist die Kommunikation innerhalb der Beziehung. In meiner Praxis hatte ich Paare, die sich gestritten hatten, und darauf folgend 14 Tage nicht miteinander sprachen. Der Kommunikationswissenschaftler Paul Watzlawick sagt: „Man kann nicht nicht kommunizieren." Das Schweigen ist auch eine Art der Kommunikation. In solch einem Ausmaß jedoch keine gute für eine Beziehung. Kommunikation ist der wichtigste Faktor in einer Beziehung.

Typische Kommunikationsmuster in Beziehungen sind zum Beispiel:

In der Kennenlernphase hören wir dem anderen gespannt zu und sind sehr an Gedanken, Taten und Zielen der anderen Person interessiert. Viele haben sich in den ersten Monaten jede Menge zu erzählen und sitzen stundenlang bei einem Glas Wein und Kerzenschein zusammen.

Oft wird Monate überhaupt kein Fernsehen geschaut. In der ersten Zeit kann uns am Anderen nichts wirklich erschüttern, alle negativen Details werden ausgeblendet oder wir reden sie uns schön. Nach dem Motto: „Er ist schon sehr unordentlich, aber irgendwie finde ich das süß!"

Dann kehrt nach einigen Monaten der Alltag zurück und mit dem Alltag auch Probleme und Herausforderungen. Gespräche werden weniger und der Fernseher läuft mehr. Jetzt sprechen wir auch an, was uns am Anderen stört: „Kannst Du nicht einfach mal deine Socken aufheben und nicht immer alles liegen lassen?".

Und mit fortschreitender Zeit reden Paare immer weniger miteinander.

Dieses Beispiel zeigt eine Möglichkeit. Bei jedem Paar ist die Kommunikation sehr individuell und unterschiedlich. Wenn Paare zu mir in die Paartherapie kommen, stellt die Kommunikation in der Regel das größte Problem dar. Es wird häufig nicht mehr viel oder gar nicht miteinander gesprochen. Es fehlen intensive Paargespräche.

Das ist eine der Aufgaben, die Paare bei mir bekommen:

Sie sollen wieder lernen, miteinander zu sprechen und sich dafür auch Zeit nehmen. Das bedeutet, dass Paare einen Termin in der Woche für sich suchen, an dem Sie 30 Minuten miteinander sprechen. Bei der Terminplanung soll auch ein Ausweichtermin geplant werden, für den Fall, dass der erste Termin nicht eingehalten werden kann. Weiter ist es wichtig, dass man sich einen ruhigen Ort sucht und alle Störungsquellen unterbindet, wie z.B. Handy, Kinder, etc.

Dann soll sich das Paar ausschließlich über sich unterhalten. Dabei spricht jeder in der „Ich-Form".

Beispiel:

Nicht erwünschte Du-Form: „Du hast schon wieder den Müll stehen lassen!"

Erwünschte Ich-Form: „Ich war gestern verärgert, weil der Müll noch da stand und wir das anders abgesprochen hatten."

Zusätzlichen Wunsch beifügen: „Daher würde ich mir wünschen, dass Du mich in dieser Sache besser unterstützt. Darüber würde ich mich sehr freuen!"

Sie merken vielleicht, dass eine ganz andere Stimmung entsteht. Im ersten Satz wird Kritik geäußert. Keiner möchte kritisiert werden. Der zweite Satz enthält ein Feedback und eine Wunschäußerung.

Auf die Hintergründe zwischen Kritik und Feedback gehe ich im nächsten Kapitel genauer ein.

Oft finden in Partnerschaften Machtkämpfe statt. Wir leben in einer Gesellschaft, in der Siege zählen. Es gibt Sieger und Verlierer. Diese Denkweise wird häufig in die Partnerschaft übernommen. Hier gehören Machtkämpfe nicht hin. Deshalb gilt es zu lernen: Die Konflikte „sauber" austragen.

Viele übertragen Ihre persönliche Unzufriedenheit auf den Partner und machen ihn dafür verantwortlich, dass das eigene Leben nicht wie gewünscht verläuft. Immer weniger Paare haben gelernt, wie man Beziehungen aufbaut und vor allem am Leben erhält. Die Frage ist: Wo lernt man das überhaupt? In der Schule?

Beziehungen zu führen sollte gelernt werden. Es bedeutet, Bereitschaft zur Veränderung von Einstellungen und Erwartungen zu zeigen. Paare, die es schaffen, viele Jahre zusammen zu leben, investieren viel in ihre Beziehung. Das ist nicht immer einfach und erfordert eine hohe Kompromissbereitschaft von beiden Seiten.

Ich möchte Ihnen ein paar Ideen mit auf dem Weg geben, die dazu beitragen, Ihre Kommunikation innerhalb der Beziehung zu verbessern und somit die Partnerschaft zu stabilisieren und zu festigen.

Hierfür ist es hilfreich, einige Hintergründe zu dem Thema Kommunikation zu erhalten.

Prof. Dr. Schulz von Thun befasst sich seit Jahrzehnten mit dem Thema Kommunikationspsychologie. In Anlehnung an sein Buch: Miteinander reden 1 (1994) möchte ich Ihnen einige wichtige und interessante Punkte in der Kommunikation darstellen:

Wie bereits erwähnt: „Man kann nicht nicht kommunizieren!" Jede Kommunikation (nicht nur mit Worten) ist Verhalten und genauso wie man sich nicht nicht verhalten kann. Es gibt kein Gegenteil zum Verhalten.

Als Beispiel eine Zugfahrt: Ein Mann sitzt im Zugabteil und schweigt. Er schaut dabei auf den Boden. Zunächst könnte man annehmen, er würde nicht kommunizieren. Dennoch tut er es, indem er den anderen Reisenden im Abteil nonverbal signalisiert, dass er keinerlei Kontakt möchte.

Im Grunde gibt es keine Möglichkeit nicht zu kommunizieren. Selbst Schweigen ist eine Form der Kommunikation.

Das Kommunikationsquadrat ist das bekannteste und inzwischen auch weit verbreitetste Modell von Friedemann Schulz von Thun. Bekannt geworden ist dieses Modell auch als "Vier-Ohren-Modell".

Die vier Ebenen der Kommunikation haben nicht nur Bedeutung für das private Miteinander, sondern auch und vor allem für den beruflichen Bereich, wo das professionelle und das Menschliche ständig miteinander verzahnt sind.

Wenn man als Mensch etwas von sich gibt, ist man auf vierfache Weise wirksam. Jede Äußerung enthält vier Botschaften gleichzeitig:

- eine Sachinformation (worüber man informiert)

- eine Selbstkundgabe (was man von sich selbst kundgibt)

- einen Beziehungshinweis (was man von dem anderen hält und wie man zu ihm steht)

- einen Appell (was man bei den anderen erreichen möchte)

Schulz von Thun hat 1981 die vier Seiten einer Äußerung als Quadrat dargestellt und dementsprechend dem Sender "vier Schnäbel" und dem Empfänger "vier Ohren" zugeordnet. Hierdurch konnten erstmalig die Kommunikationsebenen auch für „Laien" gut dargestellt werden.

Die Qualität des Gespräches hängt davon ab, in welcher Weise diese Ebenen zwischen dem Sender und dem Empfänger zusammen wirken.

Die Sachebene

Auf der Sachebene des Gesprächs steht die Sachinformation im Vordergrund. Hier geht es um Daten, Fakten und Sachverhalte.

Für den Sender gilt es also den Sachverhalt klar und verständlich zu vermitteln. Der Empfänger, der das „Sachohr" aufgesperrt hat, hört: Daten, Fakten und Sachinhalte und hat entsprechend der drei genannten Kriterien viele Möglichkeiten einzuhaken.

Die Selbstkundgabe

Auf der Seite der Selbstkundgabe machen Sie eine Selbstoffenbarung: Jede Äußerung enthält, ob Sie wollen oder nicht, einen Hinweis darauf, was in Ihnen vorgeht, wie Ihre Gefühlslage ist, wofür Sie stehen. Dies kann explizit ("Ich-Botschaft") oder implizit geschehen. Eine explizite „Ich-Botschaft" ist z.B.: „ Ich wünsche mir, dass wir heute etwas zusammen machen". Implizit könnte es lauten: „Keiner kümmert sich um mich!"

Dieser Umstand macht jede Nachricht zu einer kleinen Kostprobe der Persönlichkeit. Während der Sender also mit dem Selbstkundgabe-Schnabel, implizit oder explizit, Informationen über sich preisgibt, nimmt der Empfänger diese mit dem Selbstkundgabe-Ohr auf: Was sagt mir das über den Anderen? Was ist der für einer? Wie ist er gestimmt?

Die Beziehungsebene

Wenn Sie jemanden ansprechen, gebe Sie (durch Formulierung, Tonfall und Begleitmimik) auch zu erkennen, wie Sie zum Anderen stehen und was Sie von ihm halten. In jeder Äußerung steckt somit auch immer ein Beziehungshinweis, für welchen der Empfänger oft ein besonders sensibles, (über)empfindliches Beziehungs-Ohr besitzt. Gerade in Paarbeziehungen ist dieses Ohr häufig ausgeprägt. Aufgrund dieses Ohres wird entschieden: „Wie fühle ich mich durch die Art, in der der andere mit mir spricht? Was hält der andere von mir und wie steht er zu mir?"

Hier passiert es häufig, dass ganz normale Sachverhalte persönlich genommen werden.

Beispiel:

Er: „Die Zahnpasta ist leer."

Sie: „Und ich bin wieder Schuld und muss eine neue kaufen!"

Er wollte nur eine Sachinformation weitergeben, Sie hat es auf der Beziehungsebene gehört und somit persönlich genommen und dementsprechend reagiert. Diese Art der Kommunikationsstörungen kommt sehr häufig bei Paaren vor, weil Männer in der Regel sehr auf der Sachebene kommunizieren und Frauen dagegen eher auf der Beziehungsebene sprechen und hören. Das ist ein optimaler Nährboden für Konflikte.

Die Appellebene

Wenn jemand etwas sagt, will er in der Regel etwas erreichen.

Direkt oder indirekt geht es auf dieser Ebene um Wünsche, Ratschläge, Handlungsanweisungen. Das Appell-Ohr ist folglich besonders empfangsbereit für die Frage: Was soll ich jetzt machen, denken oder fühlen?

Das Selbstkundgabe-Ohr ist in einer Beziehung häufig geschickter als das Beziehungsohr.

Dazu ein Beispiel:

Der Mann kommt nach Hause. Die Frau sagt: „Du kommst aber spät!"

Wenn der Mann diese Nachricht auf dem Beziehungsohr hören würde, könnte er so reagieren: „Muss ich dir Rechenschaft leisten? Ich komme, wann ich will!"

Hierdurch ist ein Konflikt sehr wahrscheinlich.

Wenn der Mann es aber auf dem Selbstkundgabe-Ohr hören würde, könnte die Reaktion so sein: „Schatz, kann es sein, dass du dir Sorgen gemacht hast?"

Hier kommt es nicht zu einem Konflikt, weil der Mann die Gefühle der Frau aus der Botschaft gehört hat.

Sie merken vielleicht den großen Unterschied. Das bedeutet, Sie können wählen, mit welchem Ohr Sie die Botschaft hören. Welches Ohr Sie wählen hat großen Einfluss auf den Verlauf der Kommunikation.

Kommunikation kann komplex sein. Es ist sehr wirkungsvoll und trägt zu Konfliktprävention und Konfliktlösung bei, wenn Ihnen diese Hintergründe bekannt sind und Sie bewusst damit umgehen. Halten Sie Ihre „Ohren" für eine respektvolle Kommunikation mit Ihrem Gesprächspartner offen.

Was können Sie jetzt für Ihren Alltag mitnehmen? Was können Sie für eine bessere Kommunikation beitragen? Als hilfreich haben sich die folgenden Regeln für die Kommunikation in der Partnerschaft herausgestellt:

1. Äußern Sie Ihre Wünsche und Bedürfnisse deutlich!

Sagen Sie das, was Sie meinen. Wir reden viel zu häufig um den heißen Brei und erwarten aber, dass der andere uns genau versteht. Hier ist es besonders wichtig zu verstehen, dass der andere Sie nicht kennt und Sie den anderen nicht kennen (auch wenn Sie das meinen!).

Trennen Sie sich von dieser Täuschung. Dann können Sie auch nicht mehr so schnell enttäuscht werden.

Hierdurch wird auch das „Gedankenlesen" beendet. „Gedankenlesen" ist der Anspruch, dass der andere wissen muss, was man selbst will und was einem gut tut. Lassen Sie diesen Anspruch des „Gedankenlesen" für immer fallen und Sie werden merken, dass Ihre Beziehung um einiges besser und erfüllter werden kann.

Sprechen Sie stattdessen offen und ehrlich über Ihre Wünsche und Bedürfnisse, damit Ihr Partner weiß, was Ihnen wichtig ist. Das können Sie z.B. mit Hilfe von „Ich-Botschaften" erreichen.

2. Lassen Sie Vorwürfe und Schuldzuschreibungen

Es macht keinen Sinn, jemandem Vorwürfe oder Schuldzuschreibungen zu machen. Die Schuldfrage ist grundsätzlich nicht zu klären, da Kommunikation immer kreisförmig ist und somit keinen Anfang und ein kein Ende hat.

Fragen Sie also nicht nach dem „Wer war das?", sondern „Was können wir zusammen besser machen?"

3. Nehmen Sie sich Zeit für die Kommunikation mit dem Partner

Für ein vernünftiges Gespräch braucht man Zeit. Auch hier gilt: „Alles hat seine Zeit und alles braucht seine Zeit.". Das bedeutet: Nicht jeder Zeitpunkt ist geeignet für ein gutes Gespräch. Achten Sie darauf, dass beide für ein gutes Gespräch ausreichend Zeit haben und jeder seine Aufmerksamkeit voll einbringen kann. Klären Sie wichtige Dinge nie nur mal zwischendurch.

4. Lassen Sie den Partner ausreden

Das hört sich ganz banal an, doch gerade diese Leistung fällt den meisten Menschen schwer. Warum fällt es vielen so schwer, andere ausreden zu lassen?

Viele hören nicht zu, um zu verstehen, sondern um zu antworten.

Das kann mehrere Ursachen haben. Zum einen haben wir den Drang, uns in einer Kommunikationssituation mitzuteilen. Wenn wir zuhören, fangen wir gleich an zu interpretieren und wollen dieses gleich mitteilen.

Zum anderen haben viele den unbewussten Drang, sich zu rechtfertigen. Und häufig sind wir der Meinung, dass nur unsere Meinung die richtige sein kann. Zusätzlich wollen wir gerne schnell Lösungen präsentieren (hierzu gleich mehr). Daher fallen sich Menschen gegenseitig ins Wort.

In Beziehungen ist das sehr problematisch, weil Grundsatzdiskussionen über das ausreden lassen stattfinden und die eigentliche Kommunikation nicht mehr qualitativ geführt werden kann.

Was können Sie hier besser machen?

Um jemanden ausreden zu lassen, müssen Sie erstmal in der Lage sein, zuzuhören. Die Bezeichnung hierfür ist das „aktive zuhören". Sehen Sie sich als eine „weiße Leinwand" und hören Sie zu ohne gleich eine interne Interpretation vorzunehmen. Zeigen Sie Ihrem Gesprächspartner, dass Sie zuhören, wie z.B. durch non-verbale Zeichen (Kopfnicken, Augenkontakt und Körperhaltung) und verbale Zeichen (Bestätigungen und Nachfragen).

Geben Sie dann eine Zusammenfassung, wie Sie es für sich verstanden haben, damit der andere die Möglichkeit hat, es zu korrigieren (denken Sie an die verschiedene Kommunikationsebenen).

Zuhören ist eines der schwersten Verhaltensmuster, die es gibt. Wundern Sie sich also nicht, dass es nicht von heute auf morgen klappt.

Auch hier macht die Übung den Meister. Werden Sie sich Ihres eigenen Kommunikationsverhaltens bewusst und verändern Sie es zum Positiven. Sie werden über die Auswirkung erstaunt sein.

5. Zuhören statt Lösungen zu präsentieren

Wie wichtig das Zuhören ist, haben Sie in den letzten Zeilen erfahren. Gerade Männer wollen gerne schnelle Lösungen in der Kommunikation präsentieren.

Hier besteht einer der großen Kommunikationsfallen zwischen Frau und Mann. Wenn Frauen Probleme oder Sorgen haben und sich mitteilen, wollen sie selten Lösungen präsentiert haben. Sie wollen, dass man ihnen zuhört und sie versteht. Sie wollen sich geborgen und verstanden wissen. Männer wollen gerne schnelle Lösungen anbieten. Daher kommt es häufig zu Unmut bei Frauen und Männer verstehen die Welt nicht mehr.

6. Wärmen Sie keine alten Geschichten wieder auf

Die Vergangenheit als eine Art Argumentationsebene zu verwenden ist sehr beliebt. Sätze wie z.B. „Du hast aber damals…" oder „Wenn Du damals nicht…" haben ein hohes Konfliktpotential, weil keiner in der Lage ist, die Vergangenheit zu verändern. Jeder Partner hat nun mal eine Vergangenheit. Das ist so und kann keiner mehr ändern. Wenn dann die Vergangenheit zum Vorwurf gemacht wird, so gerät man eher in eine Hilflosigkeit und versucht sich zu wehren.

Dann entsteht wieder ein „Kampf" und der Konflikt ist vollbracht. Hier sind wir wieder im Kapitel 1: Lassen Sie die Vergangenheit vergangen sein.

Eine Partnerschaft ist eine „Institution", in der beide Partner beschäftigt sind. Das kann auch mal „harte" Arbeit sein. Als Paar ist man eine Einheit.

Das heißt aber auch, dass es keine Fläche mehr für Vorwürfe, Schuldzuweisungen und Selbstvorwürfe gibt, weil am Verhalten eines jeden beide beteiligt sind. Es gehören immer zwei dazu, auch wenn wir das nicht immer wahr haben wollen. Das bedeutet auch, dass Sie sich bestenfalls selbst ändern können, nicht aber den anderen.

Machen Sie sich auch klar, dass ein Partner oft Dinge vom anderen erwartet, die er eigentlich nur sich selbst geben kann.

Es gibt im Leben nichts Wertvolleres als Menschen, die für einander da sind. Leider machen wir uns das nicht immer bewusst. Wir lassen unsere Beziehungen häufig in einen Status fallen, der „Selbstverständlichkeit" heißt.

Es ist aber niemals selbstverständlich, dass andere Menschen für Sie da sind und Sie so nehmen wie Sie sind. Es ist auch nicht selbstverständlich, dass diese Menschen am nächsten Tag wieder da sind.

Aus diesen Gründen schätzen Sie jede gute Beziehung zu anderen und gehen Sie sehr bewusst und behutsam mit diesen um. Es ist mit das Wichtigste, was Sie in Ihrem Leben haben.

Wenn wir tiefgreifende Beziehungen zu anderen Menschen haben wollen, heißt das auch, dass wir uns öffnen müssen. Wir müssen unseren „Schutzpanzer" ablegen und auch unsere „schwachen" Seiten zulassen.

Natürlich bedeutet das, dass wir dann verletzbar sind. Das ist der Preis für tiefgreifende, wertschätzende Beziehungen mit Geborgenheit. Mut und auch Risiko gehören hier zum Erfolg. Was wäre die Alternative?

Auch, wenn Sie bereits verletzt wurden, sollten Sie sich nicht vor neuen Beziehungen und Partnerschaften verschließen. Sie können sich nie voll und ganz vor Verletzungen schützen.

Menschen sind immer ein Faktor X, den wir nicht kontrollieren können. Es finden sich die „richtigen" Menschen. Doch gehen Sie bewusst mit diesen um. Weniger Kritik, weniger Erwartungen, weniger Angst. Dafür mehr Wertschätzung, mehr Vertrauen und mehr Verständnis für die anderen.

Eine Partnerschaft aufrecht zu halten und diese zufrieden und glücklich zu führen ist nicht immer einfach. Es erfordert viel Energie.

Doch der Lohn hierfür ist mit keinem Geld der Welt aufzuwerten. Unterschätzen Sie nie die Wichtigkeit von Beziehungen.

5. Weniger Kritik ist mehr Zufriedenheit

Menschen werden in der Regel nicht gerne kritisiert. Trotzdem kritisieren viele ihre Umwelt bzw. andere Menschen. Einige achten mehr auf andere als auf sich selbst. Zum Beispiel wird Kritik in der Arbeitswelt verteilt. Dort gibt es Mitarbeiter, die genau auf die Fehler der anderen achten.

Es entstehen Aussagen wie z.B: „Der Herr Meyer ist schon wieder zu spät gekommen." „Frau Müller kommt wieder nicht mit dem Kopierer zurecht." „Wie sieht denn Herr Schmidt wieder aus?"

Auch gibt es Chefs, die ihre Mitarbeiter überwiegend kritisieren. In der Arbeitswelt kommt es zunehmend häufiger vor, dass eine Bewertung von anderen vorgenommen wird.

Diejenigen, die kritisieren, tun das, um andere abzuwerten und sich damit aufzuwerten. Kritik ist häufig auch ein Ausdruck, um von seiner eigenen Unvollkommenheit abzulenken. An anderen wird genau das kritisiert, was man an sich selbst nicht mag. Dadurch werden Probleme auf andere projiziert. Dazu gehört auch das Lästern.

Ich halte Kritik grundsätzlich für negativ. Es gibt aus meiner Erfahrung heraus auch keine konstruktive oder positive Kritik. Kritik ist eine Bewertung von anderen Menschen.

Bewertungen erfolgen oftmals aufgrund nur weniger Informationen über die anderen. Sie können nicht unbedingt wissen, warum jemand sich so verhält, wie er es tut und nicht anders.

Auch ist die Erkenntnis wichtig, dass alle Menschen unvollkommen sind.

Menschen machen Fehler. Sie lernen vorwiegend aus Fehlern.

Gestehen Sie sich selbst Ihre Unvollkommenheit und Ihre Fehler ein. Denken Sie auch daran, dass andere Menschen auch Fehler haben und machen.

Macht man jemanden auf seine Fehler aufmerksam? Wenn ja, warum und wie?

Zuerst können Sie sich fragen:

- „Warum will ich überhaupt jemanden auf seine Fehler aufmerksam machen?"

- „Warum ist mir das so wichtig?"

- „Was ist das Ziel dahinter?"

Wenn es Ihnen darum geht, dass Sie den anderen abwerten möchten oder zeigen möchten, dass Sie etwas besser können, dann kann es besser sein, negative Kritik zu unterlassen, um sich auf sich selbst zu konzentrieren.

Wenn es Ihnen aber darum geht, dass sich die andere Person weiterentwickeln kann und Ihnen das auch wirklich wichtig ist, dann sollten Sie nicht kritisieren, sondern ein konstruktives Feedback geben.

Beim Feedback soll es nicht um Bewertungen gehen, sondern um Beobachtungen.

Hierzu ein Beispiel:

Fall 1

Kritik: „Du lässt immer das Licht in der Küche an. Bist Du denn zu blöde, beim Rausgehen einfach den Schalter zu betätigen?"

Fall 2

Feedback: „Mir ist aufgefallen, dass Du das Licht in der Küche ab und zu anlässt. Ich würde mir wünschen, dass Du das Licht ausmachst, weil wir dann Geld sparen können, das wir dann in unseren Urlaub investieren könnten."

Wie würde jemand auf so eine Kritik wie im ersten Fall reagieren? Oftmals mit Abwehr oder Gegenwehr.

Im ersten Fall werden Sie Ihr Ziel, dass das Licht in Zukunft ausgemacht wird, voraussichtlich nicht erreichen.

In der Kritik ist häufig eine implizite oder auch explizite Verletzung beinhaltet. Das bedeutet, dass Sie jemanden mit Kritik direkt und bewusst oder indirekt und unbewusst verletzen oder verärgern können.

Formen von Kritik sind unter anderem:

- Du-Botschaften

- Unterstellungen

- Ironie, Sarkasmus

- Bewertungen

- Belehrungen

- Befehle

Im zweiten Fall handelt es sich um ein Feedback. Wichtig: Hier ist keine Bewertung enthalten, sondern nur eine Beobachtung.

Das Feedback ist eine sehr gute Möglichkeit, anderen etwas darüber zu sagen, wie Sie sie sehen und auch zu lernen, wie andere Sie sehen.

Wenn ich Feedback gebe, stehen dahinter folgende Ziele:

Ich möchte den anderen darauf aufmerksam machen, wie ich sein Verhalten erlebe und was es für mich bedeutet (im positiven wie im negativen Sinn).

Ich möchte den anderen über meine Bedürfnisse und Gefühle informieren, damit er sein Verhalten in einer bestimmten Situation zu reflektieren weiß und entsprechend anders Rücksicht nehmen könnte.

Ich möchte den anderen darüber aufklären, welche Veränderungen in seinem Verhalten mir gegenüber die Zusammenarbeit oder das Zusammenleben mit ihm erleichtern würden.

Gutes Feedback bezieht sich oft auf hilfreiche Verhaltensweisen, aber auch auf störende. Die positiven Wirkungen von Feedback liegen darin, eigene störende Verhaltensweisen zu korrigieren und die Zusammenarbeit effektiver zu gestalten.

Für einige ist es schwierig, Feedback zu geben, aber für die Meisten ist es noch schwieriger, Feedback anzunehmen.

Es kann manchmal verletzend oder peinlich sein. Es kann eine Abwehr auslösen oder auch zu neuen Schwierigkeiten führen. Häufig ist es so, dass wenige leichten Herzens akzeptieren, in ihrem Selbstbild korrigiert zu werden.

Da der offene Umgang mit Gefühlen nicht überall praktiziert wird, ist eine Feedback-Situation häufig eine große Herausforderung.

Wenn Sie anderen Feedback geben möchten, können Sie folgende Ansätze beachten:

- Beschreiben Sie, was Sie beobachtet haben und wie dies auf Sie gewirkt hat.

- Verwenden Sie keine Verallgemeinerungen.

- Sprechen Sie in der Ich-Form.

- Beschreiben Sie nur das wahrnehmbare Verhalten. Tun Sie dies wertfrei und nachvollziehbar.

- Trennen Sie Ihre Wahrnehmung des Verhaltens von Ihrer eigenen Interpretation.

Wenn Sie diese Vorschläge beachten, haben Sie eine Chance, dass Ihr Feedback auch angenommen wird.

Wenn Sie Feedback erhalten wollen, dann können Sie folgende Hinweise beachten:

- Hören Sie aktiv zu und lassen Sie den anderen ausreden.

- Bedenken Sie, dass Feedback immer ein Angebot ist, das für Ihre Entwicklung hilfreich sein kann.

- Glauben Sie dem anderen, dass er Sie so sieht, wie er Sie sieht. Das heißt nicht, dass Sie so sind.

- Verteidigen oder rechtfertigen Sie sich nicht.

- Lassen Sie das Gegenüber angesprochene Fakten konkretisieren („Was genau haben Sie gesehen?").

Feedback kann eine Chance zur Weiterentwicklung sein. Wenn Sie nicht mehr offen für Feedback anderer Menschen sind, verpassen Sie vielleicht die Chance, etwas dazu zu lernen.

Wenn Sie Feedback erhalten, dann sind Sie dem Feedback-Geber in der Regel auch wichtig.

Weniger Kritik und mehr Feedback kann zu mehr Zufriedenheit führen.

Ich möchte jetzt noch auf ein Thema eingehen, wodurch es auch zu Konflikten kommen kann: Die sogenannte Schlagfertigkeit.

Sind Sie schlagfertig?

Es gibt Bücher über „Schlagfertigkeit", in denen geschrieben steht: „Reagieren Sie souverän und werden Sie „schlagfertig"."

Hat Schlagfertigkeit etwas mit Souveränität zu tun?

Im Grunde sagt es die Wortbedeutung an sich: Schlagfertig-keit - Sie „schlagen" jemanden und der ist dann „fertig". Bei „Schlagfertigkeit" geht es darum zu kontern und dadurch bes-ser dazustehen als der andere.

Durch eine gewisse Schlagfertigkeit ist das Gefühl, als „Ge-winner" da zu stehen, oftmals präsenter als der tiefer gehen-de Gedanke, dadurch tendenziell eher ein „Verlierer" zu sein.

Wenn Sie jemanden verletzen und bloßstellen. Dieser viel-leicht sein „Gesicht" vor andern verliert. Kann dies zur Folge haben, dass dieser Mensch zu Ihrem Feind wird. Dann ist es oftmals nur eine Frage der Zeit, wann diese Person explizit oder implizit „zurückschlägt", sich an Ihnen rächt.

In bestimmten Situationen ist es ratsam, die Schlagfertigkeit in den Hintergrund zu stellen und „anders" zu reagieren. Sie können mit Souveränität reagieren.

Was ist Souveränität?

Souveränität kann bedeuten, dass eine Win-Win Ebene er-reicht wird. Das heißt, dass bei jeglicher Art von Konflikten kein „Verlierer" zurück bleiben soll. Alle Parteien sollen etwas Konstruktives mitnehmen.

Einige Menschen haben ein ausgeprägtes Harmoniebedürf-nis und können nicht immer angemessen mit Konflikten um-gehen. Daher versuchen diese Menschen möglichst Konflikte zu meiden.

Konflikten aus dem Weg zu gehen führt häufig zur Aufstau-ung von negativen Emotionen.

Konflikte zu suchen und diese auszutragen, kann zu erhebli-chen Beziehungsstörungen und zu Unzufriedenheit führen.

Daher kann es sinnvoll sein, seine Konfliktbereitschaft zu dosieren.

Wie können Sie mit Konflikten intelligent umgehen?

Machen Sie sich Ihrer eigenen Erwartungen bewusst. Häufig passt im Leben die Formel: „Viele Erwartungen = viele Enttäuschungen."

Tatsächlich können Erwartungen, vor allem unrealistische oder überzogene, häufig ein Auslöser von Konflikten sein.

Wenn Sie frühzeitig erkennen, welche Erwartungen Ihre Umgebung an Sie hat und Sie mit Ihrer Umwelt klären, ob Sie diesen Erwartungen entsprechen können und wollen, dann können Sie auf diese Weise mögliche Enttäuschungen reduzieren.

Es gibt Situationen, in denen eine Person die andere bewusst abwerten möchte. In dieser Kommunikationsart werden dann sogenannte „Totschlagargumente" benutzt. In der Fachsprache werden diese als „Killerphrasen" bezeichnet.

Typische Killerphrasen können sein:

- „Darum geht es nicht."

- „Wenn es Ihnen nicht passt, können Sie ja gehen."

- „Im Moment haben wir Wichtigeres zu tun."

- „Davon verstehen Sie nichts."

- „Ich mache das schon etwas länger als Sie."

- „Das klappt sowieso nicht."

Diese Killerphrasen sind pauschale und abwertende Angriffe. Sie werden in Situationen benutzt, in denen Menschen sich unverstanden fühlen. Ziel der Verwendung von Killerpharsen ist u.A. eine Person zu verunsichern und sie „mundtot" zu machen. In solchen Situationen ist es ratsam, das Gespräch auf eine sachliche Ebene zurückzuholen.

Lassen Sie sich solche Killerphrasen nicht gefallen. Hier können die folgenden Ansätze helfen:

- nachfragen (Z.B. wie es anders gehen soll).

- Auf der Sachebene antworten (Z.B. „Ich werde es noch einmal präzisieren.").

- Die Absicht thematisieren (Z.B. Wollen Sie Veränderungen verhindern?).

- kontern (Z.B. Vielen Dank für diesen Hinweis).

Jeder Mensch hat ein bestimmtes Selbstbild von sich. An diesem Selbstbild lassen wenige Veränderungen zu.

Sind Sie ein guter Autofahrer? Haben Sie Humor?

Komisch ist, dass die Meisten sich für gute Autofahrer halten. Und Humor zählen viele zu ihren starken Charaktereigenschaften.

Viele sehen sich gerne als aufrichtig, zuverlässig und einfühlsam. Wie oft fällt uns das Missverhältnis zwischen unserer Selbsteinschätzung und dem Bild, was andere von uns, haben auf?

Einige sind selbstgerecht und haben eine ausgeprägte Unge-duld mit anderen. Gerade mit den Menschen, die eine andere Meinung als sie selbst haben.

Auf unserem Weg durch das Leben sollten wir anderen so wenig wie möglich schaden!

Fazit:

Negative Kritik schadet. Ärger führt zu erneutem Ärger. Ge-ben Sie daher wohlüberlegtes Feedback mit tiefgreifendem Ziel.

Ein schönes Motto könnte sein: „Freundlichkeit führt zu Freundlichkeit."

Die Buddhisten sagen: „Die Welt ist ein Spiegel, kein Fens-ter."

6. Treffen Sie Entscheidungen

Entscheidungen zu treffen ist nicht von jedem eine Stärke. Es gibt einige Personen, die wirklich zügige Entscheidungen treffen und dann auch hinter dieser stehen, sich keine Gedanken über die Alternativen mehr machen.

Es kann sein, dass Sie nach einer Entscheidung denken: „Was wäre aber wenn..."

Je wichtiger eine Entscheidung für Ihr Leben ist, desto schwieriger fällt es Ihnen, eine zu treffen. Sie treffen im Laufe des Alltages jede Menge Entscheidungen. Morgens treffen Sie die Entscheidung, was Sie anziehen. Dieses kann eine leichte Entscheidung sein,- bei einigen kann aber die morgendliche Kleidungswahl schon extrem problematisch werden.

Viele Entscheidungen, die Sie treffen, sind oftmals die gleichen und somit schon automatisiert.

Auf der Arbeit, je nach Beruf und Position, müssen viele Entscheidungen getroffen werden. Beruf und Privatleben sind zwei völlig unterschiedliche Ebenen.

Ich habe viele Klienten kennen gelernt, die als Ärzte, Manager oder Führungskräfte sehr akkurat in ihrem Bereich waren und die „richtigen Entscheidungen" zügig und professionell treffen konnten. Doch sie waren nicht fähig, diese Entscheidungskraft in ihr Privatleben zu transferieren. Hier waren sie wie gelähmt und konnten keine Entscheidungen treffen.

Einige Beispielsituationen: Wohin mit den Kindern? Was schenke ich meinem Freund zum Geburtstag? Wohin fahren wir in den Sommerurlaub?

Berufliche Kompetenzen müssen privaten nicht gleichen.

Entscheidungen haben auch mit dem Gefühl von Freiheit zu tun. Wenn Sie die Möglichkeit haben, Entscheidungen zu treffen, sind Sie freier, als jemand, der keine Entscheidungen treffen kann oder darf, z.B. weil diese Person nicht die finanziellen Möglichkeiten hat oder in einem Land lebt, wo Sie sich nicht frei entfalten darf.

Freiheit hat somit auch mit den Wahlmöglichkeiten zu tun. Je mehr Wahlmöglichkeiten Sie haben, desto freier können Sie sein. Das Problem ist: Viele Alternativen wirken eher kontraproduktiv bei Entscheidungen.

Sie kennen dieses Phänomen vielleicht auch vom Einkaufen: Sie möchten im Discounter eine Marmelade kaufen. Und haben die Auswahl zwischen fünf bis acht Sorten. Hier können Sie einfach und zügig eine Entscheidung treffen. Gehen Sie aber in einen großen Verbrauchermarkt und haben im Regal die Wahl zwischen 20 bis 30 Sorten, wird es viel schwieriger eine Entscheidung zu treffen.

Je mehr Auswahl Sie haben, desto eher bekommen Sie eine „Entscheidungs-Lähmung". Daraus resultierend treffen Sie eher keine Entscheidung oder brauchen sehr viel Zeit für diese. Einige kennen dieses Phänomen auch vom Fernsehprogramm: Wenn Sie viele Programme haben, können Sie sich nicht wirklich entscheiden. Viel Auswahl hilft häufig nicht weiter.

Treffen Sie ihre eigenen Entscheidungen möglichst dann, wenn Sie vor ihnen stehen. Schieben Sie diese nicht auf. Treffen Sie diese früh genug, bevor eine andere Person eine Entscheidung für Sie trifft.

Je mehr Entscheidungen Sie eigenständig treffen, desto mehr Kontrolle haben Sie über Ihr Leben.

Wenn Sie jedoch zu den Menschen zählen, die eher unentschlossen sind und viel Zeit benötigen, um eine Entscheidung zu treffen, dann können Sie Ihren „Entscheidungs-Muskel" trainieren.

Gewöhnen Sie sich an, in kleinen Bereichen des Alltages schnelle und viele Entscheidungen zu treffen (z.B. beim Einkaufen). Wenn Sie sich das zu einer neuen Gewohnheit machen, können Sie lernen, mehr Entscheidungen zu treffen. Das kann dann auch für größere und wichtigere Entscheidungen hilfreich sein.

Wenn es um Entscheidungen geht, die Ihr Leben maßgeblich beeinflussen, dann können Sie sich Zeit nehmen, bis Sie zur endgültigen Entscheidung kommen. Wenn es um Dinge geht, wie z.B.: Möchte ich den Arbeitgeber wechseln? Möchte ich auswandern? Möchten wir das Haus kaufen? Will ich heiraten? Möchten wir Kinder haben? Will ich mich trennen?

Je nach Fragestellung kann die Entscheidungsfindung eine andere Zeit in Anspruch nehmen und die Auswirkung größere oder kleinere Konsequenz-Radien ziehen.

Wie können Sie bei großen und schwerwiegenden Entscheidungen vorgehen?

Machen Sie sich zuerst eine Liste mit positiven und negativen Möglichkeiten für die jeweilige Entscheidung. Prüfen Sie dann, welche der beiden Seiten überwiegt. Holen Sie sich auch Informationen und lassen Sie sich von Menschen helfen, die sich in dem Bereich auskennen oder bereits ähnliche Entscheidungen getroffen haben. Sprechen Sie auch mit Personen, die Ihnen nahestehen.

Nehmen Sie Erfahrungen von anderen Menschen dankbar entgegen und ziehen Sie diese - wenn Sie mögen - mit in Ihren Entscheidungsprozess hinein.

Wenn Sie Ihre Liste mit negativen und positiven Fakten vervollständigt haben, sollten Sie eine Entscheidung treffen. Schlussendlich müssen Sie Ihre Entscheidungen allein treffen.

Die Entscheidungskonsequenzen können Sie vor der Entscheidung selten ausmachen. Erst im Nachhinein wissen Sie, ob die gefallene Entscheidung die für Sie richtige gewesen ist.

Antworten auf nicht gewählte Wege bleiben immer spekulativ. Trauen Sie sich einen Weg zu gehen und stehen Sie zu ihrer Wahl. Wir lernen häufig rückwärts im Leben.

Machen Sie sich deutlich, dass Sie eine Entscheidung mit den Ressourcen und dem Wissen treffen, welches Sie zu einem bestimmten Zeitpunkt gehabt haben.

Sie entwickeln sich weiter und sehen Entscheidungen daher häufig aus der Vergangenheit. Heute sehen Sie mit anderen Augen.

Vielleicht hilft die folgende Weisheit:

„Am Ende des Lebens bereuen wir nicht das, was wir getan haben, sondern das, was wir nicht getan haben."

7. Lösungen sind besser als Probleme

Ich arbeite viel mit lösungsorientierten Ansätzen. Maßgeblich kommen diese Ansätze von Steve de Shazer, einem amerikanischen Psychotherapeuten. Auch Paul Watzlawick und Insoo Kim Berg haben in diesem Bereich großen Einfluss genommen. Ich werde einige Philosophien und Ansätze dieser Therapeuten in Anlehnung an das Buch „Lösungsorientierte Beratung" (2010) von G. Bamberger in dieses Kapitel integrieren.

Viele Menschen in Deutschland können gut und viel „jamern" und dazu sehr pessimistisch sein. Die Meisten konzentrieren sich vorwiegend auf die Probleme und das Negative im Alltag. Sie suchen nach Fehlern und halten nach dem Ausschau, was nicht funktioniert.

Was sind überhaupt Probleme?

Darüber gibt es sicherlich unterschiedliche Blickwinkel. In lösungsorientierten Ansätzen unterscheidet man zwischen Schwierigkeiten und Problemen. Der Begriff „Schwierigkeiten" wurde in dem Zusammenhang unter anderem von Paul Watzlawick verwendet.

In unserem Alltag begegnen uns täglich viele Schwierigkeiten, wie z.B. der defekte Wecker inklusive verschlafen, das nicht anspringende Auto, unser schreiender Partner, eine Erkältung oder der tropfende Wasserhahn in der Küche.

Das sind alles Dinge, die uns nicht gefallen und uns fordern.

Im Grunde sind das noch keine Probleme; es sind alles Schwierigkeiten.

Sie können diese Schwierigkeiten alleine wieder lösen und abschalten. In den lösungsorientierten Ansätzen bezeichnet man erst dann ein Problem als Problem, wenn sich Schwierigkeiten zu einem Problem entwickeln. Aus einer Schwierigkeit wird ein Problem, wenn Sie keine Lösungsansätze und Ressourcen zur Verfügung haben, um die Schwierigkeiten zu lösen.

Das bedeutet, dass sich von den ganzen Schwierigkeiten am Tag nur wenige zu einem wirklichen Problem entwickeln. Und in der Regel entstehen die Probleme durch das eigene Verhalten und die eigenen Entscheidungen.

Wenn Sie zum Beispiel eine Rechnung erhalten, kann das eine Schwierigkeit sein. Wenn Sie diese aber ignorieren und die nächsten Rechnungen auch und sich zudem entscheiden, die Briefe gar nicht mehr aufzumachen, dann kommen Sie unweigerlich an einen Punkt, wo aus einer primären Schwierigkeit ein Problem entstehen kann.

Das heißt: Je besser Sie mit Schwierigkeiten umgehen können, desto weniger Probleme werden Sie haben.

Was machen Menschen, wenn Sie Probleme haben?

Die einen verdrängen Probleme und probieren alles, damit Sie sich mit dem Problem nicht auseinandersetzen müssen. Auf diese Art mit Problemen umzugehen kann katastrophale Folgen haben.

Durch ein solches Verhalten (auch Vermeidungsverhalten genannt) werden Probleme häufig zu Katastrophen. Eine Katastrophe (altgriechisch: „Umwendung") wird auch als Wendung zum Niedergang bezeichnet. Aus solchen Ebenen kommen einige nicht mehr ohne Hilfe von außen heraus.

Andere gehen mit ihren Problemen proaktiv um. Sie suchen selbständig nach Lösungen und probieren so lange verschiedene Möglichkeiten aus, bis sie ihr Problem alleine gelöst haben. Doch nicht jeder hat die nötigen Ressourcen um alleine mit seinen Problemen fertig zu werden. Es gibt auch Personen, die mit ihren Problemen relativ offen umgehen. Das bedeutet, dass sie mit Freunden oder der Familie über ihre Probleme sprechen und sich somit Hilfe suchen.

Wenn Klienten zu mir in die Praxis kommen, dann sind aus Schwierigkeiten bereits Probleme geworden. Sie sind dann an einem Punkt angekommen, an dem Sie festgestellt haben, dass sie externe Hilfe benötigen. Die Klienten sind meist verwundert, dass ich mich primär gar nicht viel mit ihren Problemen beschäftige. Das liegt daran, dass Menschen mit Problemen vorwiegend über diese sprechen und nachdenken. Bevor sich jemand extern Hilfe sucht, hat er mit großer Wahrscheinlichkeit mit seinen Freunden und der Familie über das Problem gesprochen. Diese Gespräche erfolgen in der Regel nicht nur einmal.

So entsteht eine sogenannte „Problem-Hypnose". Das bedeutet, dass man nur noch auf das Problem fixiert ist.

Wenn ich mir im Gespräch die Probleme erneut tiefgründig erklären lasse, wird der Klient wieder mit seinen Problemen konfrontiert und auch erneut emotional betroffen sein. Hiermit wird die „Problem-Hypnose" noch weiter vertieft. Wie soll das helfen?

Das Problem wurde mehrfach besprochen. Man konnte sich in dieser Zeit gedanklich und emotional mit seinem Problem beschäftigen.

Führt das in der Regel zu einer Lösung des Problems?

Nein! In der Regel nicht.

Im Gegenteil: Es wächst.

Es wird in der Regel das verstärkt, worauf Sie Ihre Aufmerksamkeit richten. Das bedeutet: Die ganze Aufmerksamkeit des Betroffenen ist nur noch auf das Problem gerichtet. Aus diesem Grund macht es wenig Sinn, sich weiter mit dem Problem zu beschäftigen. Vor allem auch deshalb, weil wir die Vergangenheit nicht ändern können (Kapitel 1).

Die Meisten möchten keine Probleme haben. Um das zu erreichen, wird nach Lösungen gesucht. Von der Familie erhalten Sie häufig eher gut gemeinte Ratschläge.

Leider haben Ratschläge oft kein Potenzial zur Lösung. Hier zeigt schon die Wortbedeutung von „Rat-Schlag" die Folge: Wir bekommen einen „Rat", aber in Form eines „Schlages".

Zwei Beispiele solcher Ratschläge:

Ein Sohn kommt zu seinem Vater. Er erzählt ihm vom wiederholten Streit mit seiner Frau und von seinen Emotionen darüber: Das mache ihn langsam fertig.

Der Vater: „Mach endlich Schluss, ich habe Dir schon immer gesagt, dass die Frau nichts für dich ist."

Das ist ein Ratschlag vom Vater.

Der Sohn wollte aber jemanden aufsuchen, der ihm zuhört und ihn unterstützt, weil es ihm nicht wirklich gut geht. Der Vater gibt ihm stattdessen einen Ratschlag, um eine Lösung zu präsentieren. Das ist für den Sohn ein wirklicher „Schlag", weil er das nicht gebrauchen kann. Es hilft ihm nicht, macht seine Stimmung nur noch schlechter.

Ein weiteres Beispiel:

Eine elfjährige Tochter kommt zu ihren Eltern und erzählt ihnen, dass sie in der Schule unter Mobbing leidet. Sie möchte nicht mehr in die Schule gehen. Der Vater sagt sofort: „Ich gebe Dir einen guten Rat: „Du musst Dich immer wehren. Du darfst keine Schwäche zeigen!"

Was meinen Sie? Hilft der Tochter dieser Ratschlag?

Menschen, die mit Mobbing schon mal konfrontiert gewesen sind, haben sich in der Regel am Anfang auf ihre Art und Weise „gewehrt".

Wenn sich jemand mitteilt, der unter Mobbing leidet, hat dieser Mensch im Vorfeld häufig vieles selbst ausprobiert, um die Situation zu verbessern.

Sich anderen mitzuteilen bedarf Mut. Unsicherheit kann entstehen oder verstärkt werden, wenn in solchen Situationen „Ratschläge" als Reaktion kommen. In solchen Fällen benötigen die Hilfesuchenden eher Anerkennung, Mitgefühl und Verständnis.

Ratschläge tragen häufig nicht zur Lösung bei. Trotzdem fühlen sich viele dafür ausgewählt, anderen Ratschläge zu geben. Wenn Sie das Gefühl haben anderen Ratschläge geben zu müssen, um zu zeigen, wie das Leben funktioniert, dann halten Sie sich eher zurück. Hören Sie besser zu. Seien Sie ein guter Zuhörer, denn das trägt tatsächlich zur Lösung bei.

Es führt nicht selten dazu, dass die Lösung zum Problem wird. Vielleicht hört sich das etwas kompliziert an. Man kann nicht jedes Problem auf der Ebene lösen, auf der es entstanden ist. Oft stellt ein Problem nur das Symptom einer ganz anderen Ursache dar.

Ein Beispiel:

Die Zahnpastatube: Die Zahnpastatube führt in einigen Beziehungen zu heftigen Streit, weil die Tube wieder mal nicht verschlossen wurde. Das stellt oft nur ein Symptom für ganz andere Probleme innerhalb der Beziehung dar.

Lösungen können dann zu Problemen führen, wenn die Lösungen uns nicht weiterhelfen, wie z.B. in der folgenden Situation:

Wenn Sie viel Stress haben und diesen jeden Abend versuchen mit Alkohol zu betäuben, dann kann das primär eine Lösung sein. Auf lange Sicht wird diese Lösung aber zum Problem.

Nicht jede Lösung ist eine gute Lösung.

Eine weitere „Falle" bei Lösungsversuchen: Mehr vom gleichen Prinzip.

Wenn Sie eine Lösung anwenden und diese nicht funktioniert, kommt es häufig dazu, dass Sie noch mehr vom Gleichen machen.

Beispiel:

Eine Szene auf einem Spielplatz. Die Mutter sagt zum Kind: „Kommst Du bitte? Wir gehen jetzt!".

Das Kind ignoriert das Gesagte, weil es weiter spielen will. Daraufhin wird die Mutter lauter und sagt das gleiche noch mal: „Kommst Du bitte? Wir gehen jetzt!".

Wenn das Kind wieder nicht reagiert, sagt die Mutter: „Ich sage es Dir jetzt nur noch einmal: Wir gehen jetzt!". Das Kind reagiert immer noch nicht.

Was macht die Mutter?

Sie macht weiter! Mehr vom Gleichen. Jetzt wird sie noch lauter: „Wenn Du jetzt nicht kommst, dann gehe ich ohne Dich nach Hause!". Das Kind reagiert nicht.

Die Mutter geht nicht wie angekündigt alleine, sondern macht weiter: „Jetzt werde ich aber sauer! Du tust jetzt, was ich Dir sage!" Diese Geschichte nimmt kein wirklich gutes Ende. Nach langem hin und her zieht die Mutter das weinende Kind an ihrer Hand vom Spielplatz nach Hause.

An diesem Beispiel können Sie erkennen, wie die Lösungsversuche immer mehr zum Problem werden. Wenn etwas beim ersten Mal nicht funktioniert, dann können Sie es gerne noch mal probieren. Wenn es wieder nicht funktioniert, dann können Sie einen neuen Lösungsweg probieren. Mehr vom Gleichen führt in der Regel zu keiner Lösung.

Wenn Menschen Probleme haben, kann es dazu führen, dass sie diese „übergeneralisieren". Sie nehmen die Probleme als ständig präsent wahr. Dann wird z.B. das Wort: „immer" genutzt.

Sätze wie z.B.: „Ich habe immer Kopfschmerzen.", „Ich habe immer kein Geld.", „Immer habe ich Pech im Leben.", „Es ist immer dasselbe."

Das Wort „Immer" stimmt in Verbindung mit einem Symptom nie! (M. Prior, MiniMax-Interventionen, 2011).

Die Betroffenen haben nicht immer Kopfschmerzen. Es gibt Zeiten, wo sie keine haben. Es gibt Zeiten an denen die Betroffenen Geld haben usw.

In Beziehungen ist diese Art der Kommunikation sehr beliebt: „Du musst immer den Klodeckel oben lassen!" oder „Du musst mich immer anschreien."

Auch bei diesen Beispielen werden Sie feststellen, dass es ein „immer" nicht gibt. Somit gibt es Ausnahmen, wo die Probleme nicht bestehen. Und genau diese Ausnahmen sind wichtig für die Findung von Lösungen.

Diese Ausnahme ist genau der Zeitpunkt, an dem Ihr Problem nicht besteht. Das bedeutet, es ist der Zeitpunkt an dem es funktioniert. An diesem Punkt kommt eine wichtige Grundregel der lösungsorientierten Therapie zum Tragen: „Mach mehr vom dem, was funktioniert".

Häufig sind es am Anfang nur Kleinigkeiten, die funktionieren. Es sind oftmals die kleinen Schritte, die zu großen Veränderungen führen.

Wenn bei Ihnen Schwierigkeiten zu Problemen geworden sind, Sie mehrfach versucht haben, diese Probleme mit der gleichen Art von Ansätzen zu lösen, das Problem aber immer noch besteht, dann können Sie nach den Ausnahmen suchen.

Stellen Sie sich zwei Fragen:

1. Wann besteht Ihr Problem nicht?

2. Was machen Sie dann anders?

Wenn Sie die Antworten auf diese beiden Fragen finden, dann besteht Ihre Aufgabe in der Folge darin, mehr von dem zu machen! Machen Sie mehr vom dem, was funktioniert.

Ein guter Ansatz: „Repariere nicht, was nicht kaputt ist".

Wie ich bereits erwähnte, lassen sich einige zum „Übergeneralisieren" verleiten, wenn eine Sache nicht funktioniert. Dann ist „alles schlecht". Das kann dazu verleiten, Dinge in Frage zu stellen, die funktionieren.

Durch Streit über die Ordnung im Haushalt kann beispielsweise letztendlich auch die ganze Beziehung in Frage gestellt werden. Den eigenen Job zu verlieren kann den folgenden Gedanken aufwerfen: „Das hat doch alles keinen Sinn mehr!". Somit kann das ganze Leben in Frage gestellt werden.

Auch, wenn Sie nicht immer auf der Hand liegt: Es gibt immer eine Lösung! Vielleicht finden Sie sie nicht, weil Sie die immer selben Blickwinkel nutzen.

In Anlehnung an das Buch 99 Lösungswerkzeuge – Praxis der Problemlösung (2008) von W. Winkler möchte ich Ihnen einige Ideen zur Eröffnung neuer Blickwinkel aufzeigen.

1. Abwarten

Geduld ist eine Eigenschaft, die einige Menschen in unserer Tempo- und Leistungsgesellschaft nicht haben. Einige wollen am liebsten alles gleich und sofort erreichen. Gerade dann, wenn Sie Probleme haben, wollen sie diese sofort gelöst haben.

Es kann hilfreich sein, eine Pause mit den Problemen in der Beschäftigung einzulegen. Hierdurch ergibt sich ein „Freiraum" und Zeit, damit sich die Lösung entwickeln kann.

Es gibt Probleme, die sich selbst nach einiger Zeit ohne ein Zutun auflösen. Geben Sie der Lösungsfindung eine gewisse Zeit, damit diese auch Sie finden kann. Warten Sie ab.

2. Lassen Sie etwas weg

Einige leben nach dem Motto „Viel hilft viel."

Doch nicht immer ist das ein guter Ansatz.

Es ist bereits zu einer Verbesserung und einer Lösung gekommen, wenn etwas weggelassen wird. Es gibt Menschen, die schon seit langer Zeit über Magen-Darm-Störungen klagen und kein Arzt findet eine Lösung.

In der Folge lässt der Betroffene ein bestimmtes Lebensmittel weg und die Beschwerden lösen sich auf. Oder Sie sind dauerhaft unter Stress und wissen weder ein noch aus. Reflektieren Sie Ihre Aufgaben, lassen in Zukunft einige dieser Aufgaben weg und spüren eine Erleichterung. Es gibt immer etwas, was Sie weglassen können. Es wird etwas bewirken.

3. Die hypothetischen Lösungen

Einige achten ausschließlich auf Probleme und auf negative Sachverhalte. Die Aufmerksamkeit ist auf das Defizit ausgerichtet statt auf die guten Dinge.

Lösungen sind etwas Positives. Sie können nur Lösungen finden, wenn Sie das Positive betrachten.

Folgende Fragen können helfen:

1. Woran werden Sie erkennen, dass das Problem gelöst ist?

2. Wie sieht die Situation ohne das Problem aus?

Diese Fragen können neue Perspektiven aufzeigen. Dadurch können sich Lösungen und Verbesserungen abzeichnen.

4. Irgendetwas lösen

Wenn Sie sich von Ihren Problemen überrannt fühlen oder keine Lösungen finden, kann es passieren, dass Sie in eine „Handlungsstarre" verfallen. Sie machen erstmal gar nichts, weil Sie nicht wissen, was Sie machen können. \I

Durch diese passive Haltung passiert nicht viel. Daher kann es eine gute Idee sein, überhaupt etwas zu tun (lösen). Nehmen Sie sich Schwierigkeiten vor und lösen Sie diese. Machen Sie z.B. den Abwasch. Hierdurch kann dann die Energie entstehen, um größere Aufgaben zu lösen, wie z.B. den Keller aufzuräumen.

Lösen Sie etwas, was Sie lösen können. Hierdurch entwickeln sich dann Lösungsansätze oder neue Energien für die bestehenden Probleme.

5. So tun als ob

Sie können Ihrer Psyche etwas vorspielen. Sie können sich einreden, dass es Ihnen schlecht geht. Das kann dazu führen, dass es Ihnen tatsächlich schlecht geht. Das hat auch Auswirkungen auf Ihren Körper. Aus diesem Grund können Sie auch so tun, als ob es Ihnen gut geht. Das kann dazu führen, dass Sie sich nach einer Zeit besser fühlen. Dies kann auch bei anderen wirken.

Es kann jemanden beeinflussen, wenn Sie ihm sagen, dass er etwas besonders gut macht, obwohl das nicht ganz der Fall ist. Dann kann es dazu kommen, das derjenige sich tatsächlich in dem Bereich verbessert. Das was Sie glauben, hat einen großen Einfluss auf Sie.

Wenn Sie so tun, als wären Sie ein Held, dann verhalten Sie sich auch heldenhaft. Wenn Sie sich so verhalten, als ob das Problem schon gelöst wäre, ziehen Sie die Lösung häufig an.

Die Wissenschaftler unter Ihnen werden jetzt einwerfen: „Wie funktioniert das denn?"

Ich kann es Ihnen nicht sagen. Es gibt so Vieles, was wir nicht oder noch nicht wissenschaftlich erklären können.

6. Ändern Sie Ihre Sprache

Wie Sie mit sich selbst und auch mit anderen sprechen, hat Auswirkungen auf Sie und Ihr Leben. Sie konstruieren Ihr Weltbild durch Ihre Sprache und damit das Bild über sich selbst.

Ihre Wortwahl hat Einfluss auf Ihre Psyche und somit auf Ihren Körper. Anthony Robbins, ein amerikanischer Bestsellerautor, zeigt in seinem Buch „Das Robbins Power Prinzip" (1991) solche Unterschiede auf.

Einige Beispiele:

negative Wörter:	Neues Wort:
Ich fühle mich...	Ich fühle mich...
- ängstlich	- erwartungsvoll
- deprimiert	- nicht ganz auf dem Damm
- frustriert	- herausgefordert
- enttäuscht	- betrübt

Merken Sie den Unterschied?

Formulieren Sie Ihre Gedanken in Ihrem Alltag positiver. Aus Gewohnheit verwenden Sie in Ihrer Kommunikation die gleichen Wörter. Sie haben in der Regel einen festen Wortschatz, den Sie anwenden.

Fragen sind eine gute Möglichkeit, um Lösungen zu finden. Stellen Sie mehr Fragen, um mehr Lösungen zu finden.

Steve de Shazer (amerikanischer Psychotherapeut) hat die sogenannte „Wunderfrage" gestellt. Diese lautet wie folgt:

„Angenommen, es wäre Nacht und Sie legen sich schlafen. Während Sie schlafen geschieht ein Wunder und das Problem, das Sie schon seit längerer Zeit belastet, ist gelöst. Da Sie geschlafen haben, wissen Sie nicht, dass dieses Wunder geschehen ist. Was wird Ihrer Meinung nach morgen früh das erste kleine Anzeichen sein, welches Sie darauf hinweist, dass sich etwas verändert hat?"

Vielleicht werden Sie jetzt einwerfen, dass Sie nicht an Wunder glauben. Ich möchte hier auch nicht bewerten, ob es Wunder gibt oder nicht. Vielmehr ist es die Richtung der Frage. Diese Frage ist Lösungsorientiert. Sie lässt Ihre Aufmerksamkeit in die Zukunft leiten. Ihnen kann bewusst werden, was anders ist und woran Sie es bemerken. Das wiederum öffnet die Türen für neue Verhaltensansätze. Wenn Sie wissen, was anders wäre, dann könnten Sie auch die Lösungsansätze Nr. 5 „So tun als ob" und Nr. 1. „Abwarten" ausprobieren.

Es gibt sehr viele verschiedene Blickwinkel und Lösungsansätze, um mit Problemen umzugehen. Es ist hilfreich sich auf Lösungen statt auf Probleme zu konzentrieren.

Probleme entstehen durch Schwierigkeiten, die Sie primär nicht lösen können. Sie können diese nicht lösen, weil Ihnen die Ressourcen noch fehlen. Wenn Sie lösungsorientiert denken, dann finden Sie häufig neue Perspektiven und erkennen auch, welche Ressourcen Ihnen fehlen. Mit diesem Wissen können Sie sich die fehlenden Ressourcen aneignen und das Problem zu lösen beginnen.

Häufig ist es so, dass Sie die Ressourcen schon haben. Diese wenden Sie jedoch nicht an, weil Sie vielleicht „betriebsblind" geworden sind.

Sie haben in Ihrer Vergangenheit auch Probleme gelöst. Vielleicht gibt es Parallelen zu dem bestehenden Problem. Welche Ressourcen haben Sie damals genutzt?

Vielleicht haben Ihnen bestimmte Menschen geholfen? Können diese Menschen Ihnen wieder helfen?

Einige tragen die Lösung schon bei sich. Um diese zu erkennen, hilft es, alte gewohnte Perspektiven zu verändern. Seien Sie offen für andere Richtungen des Denkens und lassen Sie sich auch mal überraschen. Denken Sie an den Grundsatz: Wenn etwas nicht funktioniert, dann machen Sie etwas anders!

Schwierigkeiten und Probleme können wichtig für Ihre Entwicklungen sein. Die meisten Probleme finden Sie nicht einfach so.

Sie sind heute die Person, die Sie sind, weil Sie viele Schwierigkeiten und Probleme lösen konnten.

Oft ist es von Vorteil, wenn Sie die Schwierigkeiten und Probleme, die Ihnen in Ihrem Leben begegnen, nicht gleich verteufeln.

Begrüßen Sie diese als Herausforderungen, als große Chance zur Weiterentwicklung. Es kann Sie Ihren Zielen näher bringen.

8. Der Stress mit dem Stress

Die WHO erklärte Stress zu einer der größten Gesundheits-
gefahren des 21. Jahrhunderts. Oft reicht z.B. allein der Gedanke an den Job, um Stress zu erzeugen!

Wir leben heute, vor allem in Deutschland, in einer „Tempo-
und Leistungsgesellschaft".

Qualität soll immer öfter mit einem schnellen Arbeitstempo
einhergehen. Die Gefühle, die in dieser Tempogesellschaft
entstehen und sich breit machen können, sind unter anderem
Angst, Wut, Zorn, Unruhe und Überforderung. Vor allem
macht sich oftmals das Gefühl der Hilflosigkeit breit. Dazu
kommt in der heutigen Zeit der Einsatz neuer Technologien.

Es soll mehr Arbeit in weniger Zeit und mit weniger Ressourcen geschafft werden. Das ist heute oft die Devise in der Arbeitswelt. Aufgrund solcher Rahmenbedingungen kann es zu
erhöhten Stress kommen.

Auch hat sich durch die Entwicklungen unserer Arbeitswelt
das Arbeitsumfeld maßgeblich geändert. Vor Jahrzehnten
stand die körperliche Arbeit im Vordergrund. Heute sind die
Menschen tendenziell eher kognitiv orientiert. Hierdurch kann
der ein oder andere nicht mehr gedanklich „abschalten" und
zur Ruhe kommen.

Die Folge: Krankheiten entstehen nicht mehr unbedingt, weil
der Körper krank ist. Die Seele ist diejenige, die krank geworden ist.

Stress ist ein Massenphänomen geworden.

Zu den Folgen dieser Belastungen zählen Migräne, Panikattacken, Rückenschmerzen, aber auch Burnout.

Der Umgang mit diesen Anforderungen und dem entstandenen Druck wurde weder vermittelt, noch gelernt. Somit fehlen einigen Menschen Ressourcen, um einen guten Umgang zu finden.

Dazu kommt, dass nicht nur die Berufswelt enorme Anforderungen an Menschen stellt, sondern auch das Privatleben. Die Freizeit läuft oftmals nach der Stoppuhr. Einige planen so viele Termine wie möglich in ihrer Freizeit. Private Termine müssen häufig über lange Zeit geplant werden. Wenige haben spontan Zeit. Spontanität ist in der heutigen Zeit oft ein seltenes Kapital. Heutzutage einen gemeinsamen privaten und passenden Termin zu finden, ist oft schon ein Erfolgserlebnis.

Was ist Stress?

In Anlehnung an das Buch „Stressmanagement", von J.P. Schröder, R. Blank, (2008) möchte ich Ihnen das Phänomen Stress kurz darstellen.

Stress ist für uns überlebenswichtig. Wir reagieren auf äußere Reize. Der Organismus interpretiert die auf ihn einwirkenden Reize und ihre Auswirkungen für die jeweilige Situation. Diese Reize werden bewertet. Entweder positiv oder negativ. Alles, was nützlich, angenehm oder befriedigend ist, wird in einem Prozess positiv bewertet.

Negativ sind diejenigen Reize, die als unangenehm, bedrohlich oder überfordernd gewertet werden.

Stress wird vor allem negativ interpretiert, wenn er häufig auftritt und kein körperlicher Ausgleich erfolgen kann.

Wenn Menschen auf Dauer nicht aus der Stresssituation fliehen können oder diese bekämpfen können, dann kann Stress mit der Zeit krank machen.

Es werden zwei Arten von Stress unterschieden. Zum einen der negative Stress (Disstress) und zum anderen der positive Stress (Eustress). Ob jemand eine Situation als positiv oder negativ bewertet, ist subjektiv. Jeder Mensch interpretiert und bewertet Situationen unterschiedlich.

Was sind Warnhinweise bei Stress?

Warnhinweise unserer Psyche zeigen sich unter anderem im Schonverhalten des Körpers, zum Beispiel durch Appetitlosigkeit oder Müdigkeit. Solche Symptome dienen dazu, Energiereserven anzusammeln.

Wenn Sie längere Zeit unter Disstress leiden, führt dies zu einer Abnahme der Aufmerksamkeit und vor allem der Leistungsfähigkeit. Bei einer Langzeitwirkung von Disstress kann es zu einem Burnout-Syndrom kommen.

Beim Eustress wird der Organismus positiv beeinflusst. Ein grundsätzliches Stress- bzw. Erregungspotenzial ist für das Überleben eines Organismus unabdingbar. Wir brauchen eine bestimmte Anforderung, um agieren zu können.

Positiver Stress erhöht die Aufmerksamkeit und fördert die maximale Leistungsfähigkeit des Körpers ohne ihm zu schaden.

So brauchen wir zum Beispiel Stress, um besser lernen zu können. Im Gegensatz zum Disstress wirkt sich Eustress auch bei häufigem, langfristigem Auftreten positiv auf die psychische oder physische Funktionsfähigkeit eines Organismus aus. Eustress tritt beispielsweise auf, wenn ein Mensch zu bestimmten Leistungen motiviert ist oder Glücksmomente empfindet.

Maßgebend ist der Grad zwischen Unterforderung und Überforderung. Wenn Sie längere Zeit unterfordert werden, dann kann das Disstress erzeugen; wenn Sie längere Zeit überfordert werden auch. Es ist die Kunst, sich so zu fordern, dass es Ihnen gut tut und Sie motiviert.

Stress verursacht mit der Zeit körperliche Symptome wie z.B. Kopfschmerzen, Magenschmerzen, Unruhe oder Muskelverspannungen. Dies kann zu negativen Gefühlen wie Angst und Ärger führen. Diese Gefühle haben Einfluss auf unseren Körper und die körperliche Verfassung zieht ihrerseits das seelische Befinden in Mitleidenschaft. Ein Teufelskreislauf ist in Gang.

Die Stressreaktion des Körpers ist primär an sich nicht gesundheitsschädigend. Die gesundheitsschädigenden Auswirkungen werden dann hervorgerufen, wenn der Stress für längere Zeit auf den Körper einwirkt und wenn es zu einer ständigen Erregung kommt und wir keine effektiven Bewälti-gungsstrategien zur Verfügung haben.

Das führt dann zu einer chronischen Belastung, weil der Organismus in ständiger Widerstandsbereitschaft ist.

Die jeweiligen Stressreaktionen sind von der individuellen Sichtweise und Wahrnehmung der Umwelt abhängig. Es ist - wie schon erwähnt - von unserer kognitiven Bewertung des Stressfaktors abhängig. Stress kann daher auch großen Einfluss auf unser Verhalten nehmen und somit auf die zwischenmenschlichen Beziehungen.

Einige Menschen wenden bei Stress und Schmerzen einen schlechten Ansatz an: Sie betäuben sich mit Medikamenten oder Drogen, um schnell eine Linderung zu erfahren.

Sie wollen um jeden Preis die Gefühle und Symptome ersticken. Doch der Körper gewöhnt sich an dieses Verhalten und der Bedarf an den „Betäubungsmitteln" steigt immer weiter an. Hierdurch nimmt in der Regel auch der Stress und die Schmerzen zu.

Eine der Folgen von Dauerstress kann, wie bereits erwähnt, das Burnout sein. Der Begriff Burnout ist zu einem Modewort geworden. Der Begriff wird in unserer heutigen Leistungsgesellschaft voreilig verwendet.

Der Begriff Burnout sollte nicht mit Alltagsbelastungen verwechselt werden. Der Begriff Burnout beschreibt einen ernsten Zustand. Es ist keine anerkannte Krankheit.

Der Begriff Burnout ist eine Zusatzdiagnose im ICD-10-Katalog: „Faktoren, die den Gesundheitszustand beeinflussen und zur Inanspruchnahme des Gesundheitswesens führen".

Im ICD-10-Katalog wird das Burnout unter Z 73 aufgeführt: „Probleme mit Bezug auf Schwierigkeiten bei der Lebensbewältigung".

Der Endzustand eines Burnouts ist in der Regel die totale Erschöpfung.

Es gibt verschiedene Risikofaktoren, die zu einem Burnout führen können. Dazu gehört unter anderem eine hohe Arbeitsbelastung. Es gibt Berufsgruppen, die gefährdeter als andere sind. Vor allem Berufe, in dem der Dienst direkt am Menschen erfolgt, haben eine hohe Gefährdungsrate. Die Betroffenen wollen anderen helfen. Sie setzen sich häufig im hohen Maße ein und investieren viel Energie in Ihre Leistungen. Dazu gehören auch Berufe wie z.B. Kranken- und Altenpfleger, Rettungsdienst, Polizei etc. Häufig erhalten diese Berufsgruppen wenig Anerkennung.

Das Gefährliche am Burnout ist, dass sich die Symptome schleichend entwickeln und die Betroffenen erst nach langer Zeit an den Punkt gelangen, wo nichts mehr geht. Sie haben keine Kraft mehr. In diesem Zustand können die Betroffenen ihrem Beruf nicht mehr nachkommen und können ihren Alltag nicht mehr wie gewohnt bewältigen.

Wie entsteht Burnout?

Auf welche Warnsignale sollte man achten?

Die Entstehung eines Burnouts kann man in 12 Schritten be- schreiben, die häufig ineinander übergehen.

Diese 12 Punkte wurden von Dr. med. Vinzenz Mansmann entwickelt. In Anlehnung an seine Arbeit liste ich diese Ideen auf:

1. Sich beweisen wollen

In dieser Phase wird ein vermehrtes Engagement für be- stimmte Ziele gezeigt. Vor allem sehr ehrgeizige Menschen bringen viel Energie ein.

2. Verstärkter Einsatz

In dieser Phase wird mehr gearbeitet, es werden weniger Pausen gemacht. Man macht viele Überstunden und opfert sich für seine Arbeit auf.

3. Vernachlässigung der eigenen Bedürfnisse

Im weiteren Verlauf werden die eigenen Bedürfnisse weniger beachtet. Dadurch werden die Erholungs- oder Entspan- nungsphasen weniger. Auch der Kontakt zur Familie und Freunden wird weniger.

4. Verdrängung von Konflikten

Aufgrund des hohen Energieverlustes geht man Konflikten aus dem Weg. Die Anerkennung aus dem beruflichen Umfeld wird wichtiger und stellt ein festes Ziel dar.

5. Umdeutung von Werten

Die eigenen Werte werden nicht mehr gelebt. Das Wertesystem ändert sich. Der wichtigste Wert ist jetzt die Leistung. Somit werden auch Wochenenden zu weiteren Arbeitstagen. Wenn vorher der wichtigste Wert z.B. die Familie war, ist es jetzt die Leistung in Form von Arbeit.

6. Verleugnung von Problemen

In dieser Phase möchte man die Probleme nicht wahrhaben oder wahrnehmen,- vor allem, wenn der Körper Anzeichen von Schwäche oder Krankheit aufzeigt. Der Körper sendet erste Warnsignale wie z.B. ständige Müdigkeit, Kopfschmerzen oder Nacken- und Rückenschmerzen. Diese körperlichen Symptome werden teilweise verdrängt und nicht ernst genommen. Es wird versucht, wie bereits beschrieben, mit eventuell falschen Ansätzen (Medikamenten oder Drogen) diese Zeichen zu lindern. Man will weiter funktionieren und Leistung erbringen.

7. Rückzug

In der Folge zu Punkt sechs kann es zu den ersten psychischen Störungen kommen. Aufgrund der Ignoranz der Körpersignale kann es weiter zu einem starken Leistungsabfall kommen. Aber die Leistung steht weiter an Platz eins. Dies kann zu einer Krise führen. Das Ergebnis kann ein „Nervenzusammenbruch" sein. Die gewünschten Leistungen können nicht mehr erbracht werden. Es kommt zum Rückzug.

8. Verhaltensänderung

Der Rückzug führt dazu, dass sich das Verhalten verändert. Es wird die soziale Nähe zu anderen Menschen vermieden. Man arbeitet zu Zeiten, in denen man möglichst wenig Menschen begegnet, um weiterhin Konflikten aus dem Weg zu gehen. Man ist von der beruflichen Tätigkeit regelrecht besessen.

9. Verlust der Gefühle für sich selbst

Ab diesem Punkt ist man nicht mehr arbeitsfähig. Jetzt ist das Burnout bereits ausgeprägt. Es kann zum depressiven Verhalten kommen (Niedergeschlagenheit, Antriebslosigkeit, Freudlosigkeit etc.). Ein wirkliches Privatleben gibt es in der Regel nicht mehr. Es kommt zur Gefühlslosigkeit. Der Betroffene kann keine Gefühle mehr für sich oder seine Umwelt wahrnehmen. Ab dieser Stufe ist die Hilfe von außen unumgänglich.

10. Innere Leere

Der Zustand der Gefühlslosigkeit vertieft sich häufig weiter. Man ist nicht mehr in der Lage nach dem Aufwachen aufzustehen. Man bleibt im Bett liegen und starrt den ganzen Tag die Wand an. Auch das Bedürfnis etwas zu essen oder zu trinken fällt weg. Es beginnt eine absolute Teilnahmslosigkeit.

11. Depression

Die innere Leere führt immer weiter in die Depression. Die Depression wird jetzt auch deutlicher für Angehörige und Außenstehende. Es besteht eine ausgeprägte Antriebslosigkeit und Niedergeschlagenheit. Der Betroffene hat ein negatives Selbstbild und eine negative Weltanschauung. Eine ausgeprägte Hoffnungslosigkeit kann zu Suizidgedanken (Selbstmordgedanken) führen.

12. Völliges Burnout

In diese Phase kommen nur wenige Menschen. Es kommt zu extremen körperlichen und psychischen Erschöpfungszuständen. Es besteht eine emotionale Notlage. Das Immunsystem ist angegriffen. In dieser Phase besteht Selbstmordgefahr.

Die Übergänge in die verschiedenen Phasen können schwimmend sein. Nicht jeder, der unter Burnout leidet, muss eine ausgeprägte Depression erleiden.

Wie können Sie sich vor einem Burnout schützen?

Sie können Ihre Situation regelmäßig bewusst und aufmerksam reflektieren. Machen Sie sich bewusst, wie es Ihnen geht und wo sie stehen.

Einige Menschen werden ihrer eigenen Situation gegenüber zunehmend blinder. Es ist wichtig, auch andere Menschen in seine Wahrnehmungen und Gefühle mit einzubeziehen. Dazu gehören Menschen, die Ihnen nahe stehen wie z.B. Familie und Freunde.

Diese haben andere Perspektiven und Wahrnehmungen als Sie selbst. Nehmen Sie vor allem jegliche Warnsignale Ihres Körpers ernst (Kapitel 3).

Wenn Sie psychische Belastungen nicht ernst nehmen, hat die Psyche in der Regel nur die Möglichkeit, sich über körperliche Symptome bemerkbar zu machen. Spätestens dann sollten Sie aufmerksam sein und sich z.b. ausruhen oder etwas für die „Seele" und den Körper tun.

Gehen Sie mit Ihrer Kraft und Energie bewusst um.

Wenn Sie viel Energie in eine Sache oder Arbeit stecken, beachten Sie, dass Sie auch regelmäßig Energie und Kraft „nachtanken" sollten.

Schaffen Sie sich frühzeitig Freiräume und beachten Sie Ihre eigenen Bedürfnisse. Seien Sie offen für die Meinung anderer. Opfern Sie sich nicht ausschließlich für eine Sache auf. Verteilen Sie Ihre Leistungen auf alle wichtigen Lebensbereiche. Probieren Sie, ihr Leben in Balance zu halten.

Im nächsten Kapitel möchte ich Ihnen einige Ideen anbieten, damit Sie mit negativen Stress in Zukunft besser umgehen können.

9. Machen Sie sich keinen Stress mit dem Stress

Stress bedeutet für jeden Menschen etwas anderes. Jeder hat sein eigenes subjektives Empfinden für Stress. Was dem einen Stress macht, kann für den anderen eine angenehme und schöne Situation sein. Das bedeutet, dass die Stresstoleranz sehr unterschiedlich ist. Daher kann es hilfreich sein, für sich zu lernen, seine eigenen Stressfaktoren zu erkennen, diese zu minimieren oder ausreichend und frühzeitig Ausgleich für sich zu schaffen.

Es gibt hilfreiche Ideen im Umgang mit Stress.

Ich habe bereits den Grundgedanken des radikalen Konstruktivismus erwähnt. Dieser besagt Folgendes:

„Unser Dasein in der Welt bestimmt unsere inneren Bilder, Gedanken und Gefühle. Unsere inneren Bilder, Gedanken und Gefühle bestimmen unser Dasein in der Welt." (Ernst von Glasersfeld: Radikalen Konstruktivismus).

Somit ist unsere innere Haltung von großer Bedeutung. Wer ausgeglichen, zufrieden und mit sich im Reinen ist, ist für Stressfaktoren weniger anfällig. Wer schon verärgert, unzufrieden und innerlich aufgewühlt ist, wird für Stressfaktoren in der Regel anfälliger sein.

Was kann man aber tun, um sich innerlich zu stärken?

Vorerst können Sie regelmäßig reflektieren wie Sie sich fühlen.

Hierbei können Sie sich zum Beispiel folgende Fragen stellen:

- Wie fühle ich mich?

- Habe ich Verspannungen?

- Beachte ich meine Bedürfnisse?

- Bin ich zufrieden oder eher traurig?

- Kann ich gut schlafen?

- Grübel ich viel?

Es kann hilfreich sein, ein gesundes Selbstwertgefühl zu haben. Das Selbstwertgefühl beruht im Wesentlichen auf fünf Punkten (nach Vera F. Birkenbihl):

1. Gewissen:

Unser Gewissen ist das Regelwerk von Ge- und Verboten. Hier sind auch unsere Glaubenssätze verankert. Durch unsere kulturelle Prägung haben wir ein Verständnis, was „moralisch" vertretbar ist. Was z.B. in anderen Kulturen „moralisch" ist, kann für uns völlig unverständlich sein. Grundsätzlich haben die Meisten das Bedürfnis nach Gerechtigkeit und Fairness.

2. Selbstbild:

Wir haben alle ein mehr oder weniger konkretes Bild von uns selbst.

Diese Sicht auf unsere wesentlichen Charakterzüge und Fähigkeiten nennen wir „Selbstbild". Hier vermischt sich das, was wir gerne wären mit dem, was wir vielleicht tatsächlich sind.

3. Wertschätzung:

Als soziale Wesen sind wir auf das Feedback der anderen angewiesen. Wir alle haben das Bedürfnis anerkannt zu werden. Wir wünschen uns, dass unser „Wert" geschätzt wird. Diese Wertschätzung erleben wir in respektvollen und wertschätzenden Umgangsformen.

4. Anerkennung:

Neben der Wertschätzung unserer Persönlichkeit ist die Anerkennung unserer Leistung wichtig für unser Gefühl. Wir brauchen eine Bestätigung, dass das, was wir machen, gut ist. Viele Menschen bauen gerade auf diesen Faktor ihr Selbstwertgefühl auf. Mit dieser Einstellung spielen dann Faktoren wie Lob, Beförderung oder Gehaltserhöhung eine große Rolle.

5. Liebe und Sex:

Wir Menschen haben das Bedürfnis, uns in diesem Bereich auszuleben und bestätigt zu werden,- und zwar jeder nach seinen subjektiven Vorstellungen und individuellen Wünschen.

Unser Selbstwertgefühl ist von einigen Faktoren abhängig.

Wer in diesen fünf Bereichen ausreichend Erfüllung gefunden hat und ein ausgeprägtes und positives Selbstwertgefühl besitzt, ist weniger anfällig für die äußeren Stressfaktoren.

Der nächste wichtige Punkt zur Reduktion von Stressfaktoren ist ein gutes Konfliktmanagement.

Konflikte stressen uns und können uns somit auf längere Sicht auch krank machen. Ideen für den intelligenten Umgang mit Kritik können Sie im Kapitel 5 nachlesen.

Grundsätzlich haben Sie primär drei Möglichkeiten, um mit Stress nachhaltig wirksam umzugehen:

1. verlassen

2. verändern

3. akzeptieren

1. verlassen

Das bedeutet, Sie können die Situation oder die Lebensumstände, die Sie stressen, verlassen. Das kann kurzfristig sein, z.B. für eine kurze Dauer auf Distanz gehen, um später, wenn sich die Umstände beruhigt haben, wieder die Nähe zu suchen. Distanz ist einer der effektivsten Maßnahmen gegen Stressfaktoren. Durch Abstand verändert sich häufig ihr Blickwinkel. Manchmal reicht es schon aus, die Situation zwei Minuten zu verlassen und drei tiefe Atemzüge zu machen.

Wir reagieren in der Regel automatisiert auf bestimmte äußere Umstände. Durch das Verlassen der Situation können Sie diesen Automatismus durchbrechen und andere Entscheidungen treffen.

2. verändern

Das bedeutet, Sie können die Situation oder Ihre Lebensumstände ändern.

Im Grunde können Sie jede neue Minute anfangen, Ihr Leben zu ändern. Dadurch ändern sich auch Ihre Lebensumstände.

Sie können lernen, „Nein" zu sagen, Sie können weniger arbeiten oder sich einen Job suchen, den Sie schon immer machen wollten. Es gibt so Vieles, was Sie ändern können.

Wir laufen oftmals mit der gleichen „Brille" durch das Leben und sehen die Welt nur noch aus diesem Blickwinkel. Ändern Sie sich, ändert sich häufig die Welt um Sie! Probieren Sie es aus!

3. akzeptieren

Das bedeutet, Sie können sich mit der Situation oder den Lebensumständen anfreunden oder diese sogar akzeptieren. Es gibt vieles im Leben, was wir nicht ändern können, z.B. das Wetter oder dass Sie krank werden. Gerade Lebenssituationen, die wir nicht ändern können, sind oft akute Stressauslöser. Doch wenn wir sie nicht ändern können, sollten wir lernen, sie anzunehmen, sich mit den Gegebenheiten zu arrangieren.

Gewisse Sachen im Leben zu akzeptieren, obwohl diese nicht unseren Vorstellungen und Wünschen entsprechen, zeugt von hoher emotionaler Intelligenz und Reife. Wenn Sie diese Ressourcen besitzen, kann negativer Stress Ihnen nicht mehr wirklich viel anhaben.

Eine weitere Möglichkeit mit negativem Stress umzugehen, ist das Relativieren der Dinge. Das können Sie mit Fragen erreichen. Sich Fragen zu stellen, kann eine mächtige Waffe gegen Stress und Probleme sein.

Mit Fragen öffnen Sie neue Blickwinkel.

Folgende Fragen können hier hilfreich sein:

1. Was genau macht mir momentan Stress?

2. Was könnte im schlimmsten Fall passieren?

3. Wie wahrscheinlich ist es, dass es zum schlimmsten Fall kommt?

4. Was kann ich tun, um die Situation wieder in den Griff zu bekommen?

Diese Fragen können Ihnen helfen, Abstand von der Situation zu gewinnen. Oft führen solche Fragen dazu, dass die Befürchtungen oder Sorgen kleiner werden oder sich auflösen.

Eine andere Möglichkeit ist, in die Zukunft zu blicken.

Stress lebt vom Augenblick! Fragen Sie sich, ob Sie das, was Sie im Augenblick stresst, auch noch morgen / in einem Monat / in einem Jahr stressen würde.

Der Faktor Zeit kann zu Stress führen.

Beispiel: Zeitdruck, das Gefühl Zeit zu verlieren, zu wenig Zeit zu haben. Es kann aber auch zu Stress führen, wenn man zu viel Zeit hat und nicht weiß, was man damit anfangen soll. Langeweile ist für einige Menschen ein unerträglicher Zustand.

Wir können Zeit nicht aufsparen, wie es z.B. bei Geld der Fall ist. Jede Sekunde, die verstrichen ist, ist für immer weg. Zeit ist ein seltsames Gut und doch so gerecht verteilt.

Jeder hat 24 Stunden am Tag, keiner mehr oder weniger.

Zeit verrinnt kontinuierlich, wir haben keinen Einfluss darauf.

Wir haben alle jeden Tag die gleiche Zeit zur Verfügung! Jeder setzt jedoch andere Prioritäten in seiner individuellen Zeitverteilung.

Wenn Sie sagen: „Ich habe keine Zeit.", dann heißt das nur, dass Sie die Zeit, die Sie haben, mit etwas Anderem verbringen. Das ist der Knackpunkt!

Hier passt auch das Zitat von Seneca:

„Es ist nicht wenig Zeit, die wir haben, sondern es ist viel Zeit, die wir nicht nutzen."

Kennen Sie solche Aussagen?

„Warte mal kurz", „Warte mal schnell", „Ich gehe nur schnell mal auf die Toilette", „Geht sofort los", „Ich ziehe nur schnell die Jacke an".

Diese Aussagen bringen Hektik und Zeitdruck in unser Leben. Streichen Sie besser alle Vokabeln, die Hektik in Ihr Leben bringen! Meiden Sie Wörter wie „schnell", „sofort", „kurz", „gleich" oder „geschwind".

Hiermit erzeugen Sie auch Druck bei anderen. Oft verlieren wir Zeit mit Dingen, die uns gar nicht wichtig sind.

Sie sollten sensibler mit Ihrer Zeit umgehen. Vieles kann man abgeben oder anders gestalten. Wichtig ist, dass Sie am Ende mehr Zeit haben für das, was Ihnen wirklich am Herzen liegt.

Damit wir unsere Zeit sinnvoll nutzen können, bedarf es einer Zeitplanung. Sie sollten sich bewusst mit Ihrer Zeit auseinandersetzen und diese nach Ihren Vorstellungen planen.

Hierbei können Sie sich deutlich machen:

„Das Wichtige ist selten dringlich und das Dringliche ist selten wichtig!"

Diese Unterscheidung zwischen wichtig und dringlich fällt den meisten Menschen schwer. Durch unsere Tempo- und Leistungsgesellschaft machen uns andere Menschen oft deutlich, dass alles dringlich ist.

Somit ist Zeitplanung ein wichtiges „Instrument", um mehr Lebensqualität erreichen zu können.

Vorteile der Zeitplanung:

1. Sie gewinnen mehr Zeit

- Wenn Sie frühzeitig planen, verlieren Sie nicht unnötig Zeit.

2. Sie haben einen besseren Überblick

- Mit einer Zeitplanung behalten Sie die Übersicht über Ihre Termine.

3. Sie können nichts Wichtiges vergessen

- Durch das sofortige Festhalten von Terminen passiert es Ihnen nicht, dass Sie diese vergessen.

4. Sie haben weniger Stress

- Strukturen und klare Übersichten der Termine schützen vor Überraschungen und reduzieren den Stress.

5. Sie erreichen Ihre Ziele schneller

- Wer voraus plant, kommt schneller zum Ziel.

6. Sie werden nicht verplant

- Wenn Sie Ihr Leben planen, dann können es andere nicht für Sie machen.

Es gibt für die Zeitplanung viele verschiedene Methoden, die helfen können. Ich finde, die bekannte ALPEN-Methode (nach Lothar J. Seiwert) ist eine gute Möglichkeit, sich den grundsätzlichen Ablauf der effektiven Zeitplanung zu merken.

A   =   Aufgaben aufschreiben

L   =   Länge / Dauer einschätzen

P   =   Pufferzeiten einplanen

E   =   Entscheidungen treffen

N   =   Nachkontrolle

Lassen Sie uns diese Methode im Weiteren genauer betrachten:

A   =   Aufgaben aufschreiben

Schreiben Sie sich Ihre Aufgaben auf. Gedanken und Ideen gehen im Kopf häufig verloren.

Daher ist es wichtig, dass Sie alles aufschreiben, was Sie machen wollen. Wie Sie das machen, bleibt Ihnen ganz allein überlassen. Finden Sie einen Weg, der für Sie am Besten passt. Probieren Sie z.B. aus, mit einem Kalender oder auch elektronisch via PC oder Smartphone zu arbeiten. Wichtig ist, dass Sie sich mit ihrer Methode wohl fühlen.

L   =   Länge / Dauer einschätzen

Kennen Sie das Parkinson-Gesetz?

Es besagt, dass jede Arbeit so lange dauert, wie man Zeit dafür hat. Wenn Sie vier Wochen Zeit für eine Arbeit bekommen, dann brauchen Sie auch vier Wochen. Hätten Sie aber nur eine Woche Zeit bekommen, hätten Sie es sicher auch in dieser Zeit geschafft. Viele Studenten kennen das gut!

Unser Denken spielt eine sehr große Rolle, wenn es um Zeit geht. Daher sollten Sie ihre Zeit gut einschätzen. Planen Sie ihre Zeit realistisch für jede Aufgabe.

Planen Sie großzügig und setzen Sie sich immer eine Deadline (Endzeitpunkt).

P   =   Pufferzeiten einplanen

Trotz bester und realistischer Planungen tauchen in jedem Tagesablauf ungeplante Herausforderungen und Überraschungen auf.

Es kann sein, dass Sie im Stau stehen, ein Telefonat Sie länger aufhält als gedacht oder ein Kollege Ihnen noch seine Ideen mitteilen möchte.

Verplanen Sie daher nicht mehr als 50-60% Ihrer Tageszeit. Somit haben Sie genug Pufferzeiten für Dinge, die ungeplant passieren werden.

E   =   Entscheidungen treffen

Konzentrieren Sie sich auf das Wesentliche. Halten Sie daher ein bis zwei Prioritäten im Fokus. Treffen Sie klare Entscheidungen und bleiben Sie auf diesem Weg.

Somit stellen Sie sicher, dass Sie am Ende eines Tages die wichtigen Aufgaben erledigt haben.

N   =   Nachkontrolle

Die Nachkontrolle ist die Reflexion der Ergebnisse Ihrer Planungen. Ziehen Sie am Ende des Tages Bilanz, welche Ihrer Aufgaben Sie erledigen konnten und welche nicht.

Hierdurch können Sie erkennen, was Erfolg hatte und was nicht. Sie können durch diese Reflexion eine stetige Verbesserung herbeiführen. Das, was nicht erledigt wurde, planen Sie in die nächsten Tage neu ein. Finden Sie heraus, warum einiges nicht funktioniert hat.

Hatten Sie z.B zu viel oder zu wenig Zeit eingeplant oder gab es andere Faktoren?

Die ALPEN-Methode ist eine gute Merkhilfe für die eigene Zeitplanung.

Damit Sie Ihre Zeit sinnvoll nutzen können, kommt es auch darauf an, wann Sie eine Aufgabe erledigen. Hierbei kann das Direkt-Prinzip hilfreich sein.

Das Direkt-Prinzip ist eine der effektivsten Methoden, um Aufgaben zu erledigen und viel Freiräume und Zeit zu erreichen.

Was Sie sofort erledigen, blockiert nicht mehr den Schreibtisch und Ihren Kopf. Einige schieben gerne Ihre Aufgaben auf. Kleinigkeiten werden auf später verschoben. Hierdurch können sich die Aufgaben sammeln.

Was Sie sofort erledigen, können Sie nicht vergessen. Unser Gehirn kann nur eine gewisse Anzahl von Informationen gleichzeitig aufnehmen. Wenn der Kopf frei ist, können Sie auch effektiv agieren. Das Direkt-Prinzip kann große Freiräume schaffen.

Zum Schluss möchte ich Ihnen noch die „Zwei-Minuten-Pause" vorstellen.

Machen Sie nach Möglichkeit regelmäßig zwei Minuten Pause. Gerade, wenn Sie im Stress sind. Zwei Minuten sind nicht lang, kommen aber Gestressten wie eine Ewigkeit vor.

Nutzen Sie dafür bestimme Situationen. Wenn Sie z.B. in Ihr Auto steigen, drehen Sie nicht gleich den Zündschlüssel um und fahren los. Halten Sie zwei Minuten inne. Schauen Sie in den Spiegel und fragen Sie sich, wie es Ihnen geht. Wie fühlen sich Ihre Muskeln an? Wo spüren Sie Verspannungen? Wie geht es Ihnen sonst? Was macht gerade das Leben mit Ihnen?

Nur zwei Minuten! Diese zwei Minuten können kleine Wunder bewirken.

Wenn Sie mit sich selbst in Kontakt kommen und sich anders wahr nehmen, findet eine Art „Stress-Bremse", die Sie immer und überall anwenden können, statt.

Ritualisieren Sie die 2-Minuten-Pause!

Beginnen Sie frühzeitig mit Ihrer Stressprävention.

Genießen Sie Ihr Leben mit einer sinnvollen Zeitplanung.

Ich schlage vor, dass Sie jetzt 2 Minuten Pause machen.

10. Bleiben Sie bei Ihren Werten

Was sind Werte?

Werte werden häufig mit Zielen verwechselt. Werte sind keine Ziele. Ein Wert ist etwas, was Sie leben, ein Verhalten, das Sie in Ihrem Leben begleitet. Wenn Ihnen als Wert z.B. Zuverlässigkeit wichtig ist, dann leben Sie diesen Wert. Es ist aber kein Ziel. Ein Ziel wird erreicht. Ein Wert ist ein Ergebnis, welches man sich wünscht.

Wir alle leben nach bestimmten Werten, die uns wichtig, aber nicht immer bewusst sind. Werte werden häufig gelernt. Wir übernehmen viele Werte aus unserer Erziehung und aus Gruppen, zu den wir gehören oder gehören wollen. Unser gewählter Beruf hat auch bestimmte Werte, nach denen wir uns richten. Werte sind für uns und unsere Identität wichtig.

Wenn wir uns nicht nach unseren Werten verhalten, entstehen Inkongruenzen (Nichtübereinstimmungen).

Wir merken, dass etwas nicht „stimmig" ist,- unser Gefühl sagt etwas anderes als das, was wir tun. Dann kann es passieren, dass wir unsere Werte nicht leben. Dies kann auf Dauer zu inneren Konflikten führen.

Haben Sie sich schon bewusst mit Ihren Werten beschäftigt?

Wenn Sie es noch nicht gemacht haben, ist das nicht schlimm. Sie haben jetzt die Möglichkeit, sich mit Ihren Werten auseinanderzusetzen.

Was Ihnen helfen kann, sich Ihrer Werte bewusst zu werden, sind zwei Fragen zu Ihrer Vergangenheit:

1. Was würden Sie anders machen, wenn Sie noch mal in die Vergangenheit zurück könnten?

2. Wenn Sie an die Vergangenheit denken, womit hätten Sie gerne mehr Zeit verbracht?

Schreiben Sie sich Ihre Gedanken zu diesen Fragen auf. Mit diesen Fragen erkennen Sie gut, was Sie „Wert-schätzen", aber leider nicht so leben, wie Sie es gerne möchten. Werte machen Ihr Leben „lebens-werter". Daher ist es wichtig, sich seiner subjektiven Werte bewusst zu sein.

Ich habe hier einige Werte-Beispiele, die ich häufig in der Arbeit mit meinen Klienten bekomme:

- Familie

- Zuverlässigkeit

- Anerkennung

- Treue

- Vertrauen

- Zielstrebigkeit

- Geld

- Liebe

- Freundschaft

Schreiben Sie sich Ihre Werte auf. Wichtig hierbei ist, dass Sie sich Zeit nehmen und in sich gehen.

Warum ist es wichtig, seine Werte zu kennen?

Werte können Ihnen eine Richtung und einen Sinn im Leben geben. Sie können ihr Leben danach ausrichten. Sie erkennen anhand ihrer Werte-Vorstellungen, wie Sie sich verhalten müssen, damit Sie sich wohl fühlen können. Sie wissen und erkennen, was Ihnen wichtig ist und können somit bessere Entscheidungen treffen.

Jeder Mensch hat seine eigenen Werte. Die Werte von anderen kennen Sie in der Regel nicht. Durch dieses Verständnis, können Sie besser verstehen, warum es so schnell zu Konflikten zwischen Menschen kommen kann.

Nehmen wir an, einer Ihrer wichtigsten Werte ist die Pünktlichkeit. Dann können Sie mit Menschen, die chronisch unpünktlich sind, nicht klar kommen. Sie würden sich jedes Mal ärgern, wenn Sie auf jemanden warten müssen. Ein Konflikt ist somit oft vorprogrammiert.

Ich bin der Meinung, dass Menschen, die chronisch unpünktlich sind, durch ihr Verhalten zeigen, dass ihre Zeit wichtiger ist, als die Zeit von anderen. Es ist ihnen egal, dass andere auf sie warten. Oft können diese Menschen das Warten selbst gar nicht gut ertragen.

Interessant ist auch, dass die Menschen, die chronisch un-pünktlich sind, es trotzdem pünktlich zu ihrem Ferienflieger schaffen. Komisch oder?

Wenn Ihnen z.B. „Ordnung" ein wichtiger Wert ist und Sie ei-nen Kollegen haben, der das Chaos liebt, dann kann es zwi-schen Ihnen zu Schwierigkeiten kommen.

Ein anders Beispiel: Sie haben als wichtigen Wert „Familie" und Ihr Partner hat das nicht. Stattdessen sind Ihrem Partner Werte wie „Geld" und „Anerkennung" wichtig. Das könnte zu Problemen in der Partnerschaft führen.

Es ist wichtig zu verstehen, dass andere Menschen unsere Werte nicht kennen. Daher kann es im Alltag dazu kommen, dass andere Menschen unsere Werte unbewusst verletzen. Wenn unsere Werte verletzt werden, reagieren einige sehr emotional, weil einem diese Werte so wichtig sind. Derjenige, der unbewusst die Werte des anderen verletzt hat, versteht oft gar nicht, warum sein Gegenüber so reagiert. Hierdurch kann man in Konflikte geraten, ohne zu verstehen, was über-haupt passiert ist.

Aus diesem Grund ist es auch von großem Vorteil, sich inner-halb einer Beziehung oder Partnerschaft über seine Werte auszutauschen. Wenn man sich seiner Werte gegenseitig be-wusst ist und diese respektiert, kann das eine stabile Basis für eine gute Beziehung sein.

Werte geben uns Halt und eine Richtung.

Je mehr unser Selbstbild mit unseren Werten übereinstimmt, um so zufriedener und glücklicher leben wir. Wir sind dann eins mit uns, wir fühlen uns „stimmig".

Werte sind auch mit Glaubenssätzen eng verbunden.

Was sind Glaubenssätze?

Glaubenssätze sind im NLP (Neuro-Linguistische Programmieren) gut erklärt.

Das NLP kann man als eine Form verschiedener Kommunikationstechniken betrachten. Diese führen zur Veränderung psychischer Abläufen im Menschen. Beim NLP fließen unter anderem Konzepte aus der Klientenzentrierten Therapie, der Gestalttherapie, der Hypnotherapie und den Kognitionswissenschaften mit ein.

Glaubenssätze sind innere Modelle der Welt. Sie bezeichnen das, was jemand glaubt und was jemand für „wahr" hält.

Glaubenssätze sind nach dem NLP (Grochowiak, Klaus: Das NLP Practitioner Handbuch, 2007) Verallgemeinerungen über:

1. Zusammenhänge und Ursachen

Hier geht es darum, dass wir Glaubenssätze darüber haben, wie etwas verursacht wird oder zusammen hängt.

2. Bedeutungen

Wenn jemand im Gespräch mit mir Blickkontakt meidet, kann das bedeuten, dass er kein Interesse an dem Gespräch hat.

3. Grenzen

Hier geht es darum, dass wir Glaubenssätze darüber haben, was wir können oder nicht können,- oder auch über grundsätzlich Mögliches und Nicht-Mögliches.

Diese Verallgemeinerungen werden dann in Verbindung mit der Umwelt gebracht (z.B.: Sonneneinstrahlung ist gefährlich) und unseren Verhaltensweisen (z.B. das darf man auf keinen Fall tun) gebracht. Zu den Grenzen zählen auch unsere Fähigkeiten (z.B.: Das kann ich nicht und werde ich nie lernen) unserer Identität (z.B.: Ich bin ein Beziehungsmensch).

Das Problem an Glaubenssätzen ist, dass diese unsere Aufmerksamkeit lenken. Wenn wir fest daran glauben, dass wir etwas nicht können, dann werden wir unbewusst alles machen, dass dieser Glaubenssatz auch eintritt. Das Ergebnis stimmt dann mit dem überein, was wir glauben. Wir sind also wieder an dem Punkt, dass wir uns unsere Welt selbst konstruieren.

Wie die Werte es tun, so beeinflussen unsere Glaubenssätze im hohen Maße unser Leben. Sie nehmen großen Einfluss auf unsere Entscheidungen, Bedürfnisse und unsere Ziele.

Die Aussage „Glaube versetzt Berge" kommt nicht von ungefähr. Unser Glaube kann unsere Psyche und unseren Körper maßgeblich beeinflussen.

So kann unser Glaube sogar Körperfunktionen und chemische Prozesse im Körper beeinflussen.

Wenn sich unsere Glaubenssätze in uns festgesetzt haben, dann verteidigen wir diese.

Alles, was gegen unsere Glaubenssätze spricht, ignorieren wir. Im NLP spricht man dann von Generalisierungen und Tilgung. Daher möchte ich auf diese zwei Ebenen kurz eingehen.

1. Generalisierung

Grundsätzlich ist das Generalisieren wichtig für uns. Wir nehmen täglich viele tausende Informationen auf, die wir dann unter einem Nenner speichern. Nehmen wir z.B. eine Gabel. Wenn Sie gelernt haben, mit einer Gabel umzugehen, dann brauchen Sie nicht alle anderen Gabelarten einzeln zu lernen. Sie legen das Gelernte unter dem Begriff „Gabel" ab. Es wäre fatal, wenn wir immer alles einzeln lernen müssten. Doch hier liegt auch eine Gefahr. Im Alltag kommt es schnell zu Generalisierungen, obwohl es nicht angebracht ist. Beispiel: Jemand wird von einem Arzt enttäuscht und anschließend sagt: „Man kann keinem Arzt vertrauen!".

Hierdurch wird von einem Mitglied einer Gruppe auf alle Mitglieder dieser Gruppe geschlossen. Ein bekanntes Lieblingswort der Generalisierung ist das Wort: „Immer". Nach dem

Motto: „Das war schon immer so" oder „der macht das immer".

2. Tilgung

Bei der Tilgung handelt es sich um Prozesse, bei denen wir etwas löschen oder Teile ausschließen. Der Mensch kann nur 7 +/- 2 Informationen im Kurzzeitgedächtnis bewusst verarbeiten. Daher lassen wir unbewusst viele Informationen weg.

Ein Beispiel: Wenn Sie jetzt beim Lesen noch weitere Informationen bewusst wahrnehmen wollen, wie z.B. dass Ihr Puls schlägt, wie Ihre Atmung ist, wie Ihr rechter Schuh sitzt, wie die Geräusche im Raum sind, dann kommen Sie zügig an Ihre internen Grenzen.

Es übersteigt Ihre Informationsspeicherkapazität. Daher löscht das Unterbewusstsein viele Informationen. Das kann dazu führen, dass wir für uns wichtige Informationen nicht bewusst wahrnehmen.

Generalisierung und auch die Tilgung sind unbewusste Vorgänge. Unsere subjektive Welt wird hierdurch beeinflusst, weil wir nur unseren Teil der Welt bzw. Wirklichkeit wahrnehmen. Das hat Auswirkungen auf unsere Umwelt.

Es ist wichtig, seine eigenen Werte zu kennen und sein Leben danach auszurichten. Wenn Sie gegen Ihre eigenen Werte leben, könnte Sie das auf lange Sicht krank machen.

Gehen Sie bewusster mit Ihren Glaubenssätzen um.

Nur, weil Sie vieles auf eine bestimmte Art gelernt haben oder Ihre Eltern Ihnen das als richtig und wichtig vermitteln haben, muss es für Sie heute nicht mehr passen.

Sie können Glaubenssätze auch wieder revidieren und anschließend erneuern.

11. Halten Sie Gleichgewicht

Zu diesem Thema passt das Zitat von Friedl Beutelrock:

„Gleichgewicht halten ist die erfolgreichste Bewegung im Leben."

Wenn wir unser „Gleichgewicht" im Leben verlieren, geht es uns in der Regel nicht gut.

Was bedeutet es, „Gleichgewicht" zu halten?

Es gibt seit vielen Jahren den Begriff „Work-Life-Balance". Dieser Begriff bezeichnet die Balance zwischen Berufs- und Privatleben. Work-Life-Balance bedeutet auch ein Gleichgewicht in seinen Lebensbereichen zu haben und zu erhalten.

Folgende Lebensbereiche sind damit gemeint:

- Gesundheit

- Beziehungen

- Arbeit

- Sinn

Diese vier Lebensbereiche sind für ein stabiles und zufriedenes Leben von großer Bedeutung. Sie sind bei jedem individuell ausgeprägt. Je nach Situation unterliegen diese Bereiche auch Schwankungen.

Ich möchte die einzelnen Bereiche im Folgenden genauer beschreiben und Sie zu einer kleinen Übung einladen. Bitte nehmen Sie sich hierzu ein Blatt und einen Stift zur Hand.

1. Gesundheit

Damit Sie sich in jedem Bereich einordnen können, ist es hilfreich, eine Skala von 1 bis 10 (1= ganz schlecht / 10= besser geht es nicht) zu verwenden.

Wo befinden Sie sich zurzeit auf dieser Skala im Bereich Gesundheit?

Bitte notieren Sie sich diese Zahl auf einem Blatt Papier und schreiben Sie darüber den Bereich „Gesundheit".

„Wer keine Zeit für seine Gesundheit aufwendet, wird eines Tages viel Zeit für seine Krankheiten aufwenden müssen!" (Sebastian Kneipp).

Kümmern Sie sich um Ihre Gesundheit, solange Sie gesund sind! Ein weiteres Zitat, welches ich an dieser Stelle einschieben möchte, lautet: „Gesunde Menschen haben viele Wünsche, kranke nur einen!" (aus Indien).

Zu diesem Bereich gehört z.B. Ernährung, Erholung, Entspannung und Fitness.

Wie sieht es bei Ihnen in diesem Bereich aus? Ernähren Sie sich ausgewogen und gesund? Haben Sie genug Erholungsphasen? Wie sieht es mit der regelmäßigen Entspannung aus? Was tun Sie für Ihren Körper?

2. Beziehungen

Zu diesem Bereich zählen die Familie, unsere Freunde, Partnerschaft, Liebe, Zuwendung und Anerkennung.

Der Leistungsdruck im Berufsleben führt häufig zur Vernachlässigung des Privatlebens.

Für viele Menschen bleibt wenig Zeit für Familie, Freunde und Partnerschaft oder andere zwischenmenschliche Beziehungen. Vor allem „Karriere-Menschen" verwenden viel Zeit für den Bereich Beruf.

Die Gefahr ist: Wenn sich alles um den Job dreht, kann es dazu kommen, dass man bald frustriert und ausgepowert ist.

Bitte überlegen Sie sich auch in diesem Bereich, wo Sie sich mit Hilfe der Skala von 1-10 einordnen. Bitte notieren Sie sich auch diesen Wert auf Ihrem Blatt mit der Überschrift „Beziehungen".

3. Arbeit

Zu dem Bereich Arbeit zählen der Beruf und die Leistung, sowie Erfolg, Karriere, Geld und Wohlstand. Bei vielen Menschen ist dieser Bereich sehr ausgeprägt, weil viele in unserer Leistungsgesellschaft funktionieren müssen. Häufig ist auch das „Sicherheitsdenken" sehr ausgeprägt. Nach dem Motto: „Ich hasse meinen Job, aber ich brauche das Geld."

Deshalb zählen heutzutage Überstunden und Stress oft zum Job. Häufig wird der berufliche Erfolg mit dem Erfolg im Leben gleichgesetzt!

Wer das macht, baut sein Leben eventuell nur auf diese eine „Säule",- den Beruf. So kann es kommen, dass die anderen Bereiche in Ihrem Leben zu kurz kommen.

Bitte überlegen Sie sich auch in diesem Bereich, wo Sie sich mit Hilfe der Skala von 1-10 einordnen.

Bitte notieren Sie sich auch diesen Wert auf Ihrem Blatt mit der Überschrift „Arbeit".

4. Sinn

Zu diesem Bereich gehören die Selbstverwirklichung, Erfüllung, Philosophie und Zukunftsfragen.

Sinn und Werte helfen uns, unsere Zufriedenheit und Leistungsfähigkeit zu bewahren. Wenn wir in den anderen Lebensbereichen unser Tun als sinnlos empfinden, so kann unser Leben leer und tatsächlich sinnlos sein.

Bitte überlegen Sie sich auch in diesem Bereich, wo Sie sich mit Hilfe der Skala 1-10 einordnen. Bitte notieren Sie sich auch diesen Wert auf dem Zettel mit der Überschrift „Sinn".

Bitte betrachten Sie jetzt Ihre Ergebnisse. Welche Zahlen haben sich bei Ihnen ergeben?

Viele Klienten von mir erreichen selten mehr als eine 5 in den meisten Bereichen.

Ich bitte Sie jetzt, auf Ihrem Zettel für die jeweiligen Bereiche eine Prozentzahl zu notieren. Sie haben 100 Prozent.

Bitte teilen Sie diese auf die vier Bereiche so auf, wie Sie der Meinung sind, dass die Bereiche in Ihrem Alltag bewertet werden. Wie viel Zeit und Energie verwenden Sie prozentual in jedem Bereich?

Ein Gleichgewicht würde entstehen, wenn Sie jedem Bereich 25 Prozent zuordnen.

In den meisten Fällen ist der Bereich Arbeit mit den höchsten Prozentzahlen vermerkt und der Sinn mit der niedrigsten. Wie sieht es bei Ihnen aus?

Sie können jetzt auf Ihrem Blatt ersehen, wie wichtig Ihnen momentan ein bestimmter Lebensbereich ist. Dieser Überblick ist häufig hilfreich, um zu erkennen, in welchen Bereichen mehr Zeit investiert werden könnte.

Grundsätzlich ist es wichtig, die Bereiche bewusst zu gestalten. Hierzu möchte ich Ihnen einige Ideen anbieten.

1. Gesundheit

Sie sollten Arbeitsüberlastung und Stress gezielt entgegentreten und etwas für Ihre Gesundheit tun. Einige wichtige Faktoren haben wir bereits betrachtet: Der Faktor Stress (Kapitel 8) und die „Grundbedürfnisse" des Körpers (Kapitel 3).

Ganz banal kann man sagen: Lassen Sie alles, was Ihrem Körper schädigt und tun Sie alles, was Ihrem Körper gut tut.

Klingt einfach, oder? Ist es aber in der Regel nicht.

Achten Sie auf Ihr Stresslevel und gehen Sie bewusst damit um. Hilfreich dafür sind eine ausgewogene Ernährung und regelmäßige Bewegung. Hören Sie immer auf Ihren Körper.

2. Beziehungen

Es ist wichtig, dass Sie Ihre sozialen Kontakte pflegen.

Menschen brauchen Menschen. Lernen Sie, bewusst abzuschalten, damit Sie sich auf andere konzentrieren können. Gestalten Sie eine private Zeitplanung, damit Sie Ihre Freundschaften und sozialen Kontakte in Balance halten können. Halten Sie sich bestimmte Tage wie z.B. das Wochenende für diesen Bereich frei. Beziehungen sind mit das Wichtigste in unserem Leben!

3. Beruf

Leben Sie nicht, um zu arbeiten. Arbeiten Sie, um zu Leben! Ein alt bekannter Satz, der meiner Meinung nach tiefgreifender ist, als man es vielleicht primär denkt.

Sie sind auf der Welt, um ein zufriedenes und glückliches Leben zu führen. Hierauf sollten Sie jedenfalls ein Recht haben. Arbeiten ist ein wichtiger Faktor in unserem Leben und kann uns auch sehr Vieles geben. Arbeit sollte jedoch nur ein Bereich des Lebens sein und nicht der einzige.

Sie werden sich am Ende des Lebens wahrscheinlich weniger an tolle Arbeitstage erinnern, sondern eher an schöne Erlebnisse in Ihrem Privatleben.

Gönnen Sie sich mindestens einen freien Tag in der Woche.

Planen Sie Ihre Aufgaben, erarbeiten Sie eine effektive Zeitgestaltung.

Machen Sie regelmäßig Pausen. Am Besten alle 60-90 Minuten. Wenn Sie keine Pausen machen, machen Sie häufig mehr Fehler. Dann benötigen Sie zusätzlich Zeit, um die Fehler zu korrigieren, die Sie vielleicht mit Pausen nicht gemacht hätten.

Ein wichtiger Punkt ist der Spaß an der Arbeit. Wenn Sie eine Arbeit machen, die Sie gerne machen, dann fällt es Ihnen in der Regel auch leichter.

4. Sinn

Es ist wichtig, dass Sie einen Sinn in Ihrem Leben haben.

Was ist der Sinn des Lebens?

Fragen Sie doch mal jemanden, was der Sinn seines Lebens ist. Ich merke immer wieder, dass die Frage nach dem Sinn den meisten Menschen Probleme bereitet. Viele können keine Antwort geben oder haben noch nie richtig darüber nachgedacht. Aber gibt es eine Antwort darauf?

Warum stehen Sie jeden morgen auf? Was ist der Sinn dahinter, was motiviert Sie zum Aufstehen? Was wäre Ihre Antwort?

Der Sinn im Leben ist für jeden etwas anderes. Die einen sehen den Sinn in ihrer Religion, andere in ihrer Familie, wieder andere darin, anderen Menschen zu helfen.

Es gibt einige Menschen, die keinen Sinn im Leben sehen. Diese antworten auf die Frage nach dem Sinn: „Ich muss ja aufstehen, um Geld zu verdienen, wie soll ich sonst die Rechnungen zahlen?"

Mit dieser Einstellung stellt sich die Frage: Ist das noch ein Leben? Oder nur noch ein Funktionieren? Wollen Sie ein sinnvolles Leben leben oder wollen Sie nur Rechnungen bezahlen?

Daher ist es wichtig, sich diese Frage zu stellen: Was macht Sinn? Was ist Erfolg für mich?

Vielleicht ist der Sinn im Leben, dem Leben Sinn zu geben.

Kommen wir jetzt zu Ihrem ausgearbeiteten Blatt zurück: Sie haben die Zahlen für die einzelnen Lebensbereiche auf einer Skala von 1-10 vergeben.

Ich bitte Sie, sich jetzt zuerst dem Bereich Gesundheit zuzuwenden. Welche Zahl haben Sie hier stehen? Nehmen Sie diese Zahl und fragen Sie sich, was Sie machen müssen, um im Bereich Gesundheit um eine einzige Zahl weiterzukommen.

Sie haben beispielsweise die Zahl 6 im Bereich Gesundheit notiert. Dann ist jetzt die Frage, was Sie machen müssen, um von einer 6 auf eine 7 zu kommen. Nur einen Schritt weiter.

Ein Beispiel könnte sein, dass Sie einen Schritt weiterkommen, wenn Sie sich regelmäßig bewegen.

Bitte machen Sie das jetzt in allen vier Bereichen. Was müssen Sie machen, um in jedem Bereich einen einzigen Schritt weiterzukommen?

Jetzt sollten Sie mindestens vier Ziele auf Ihrem Blatt stehen haben.

Bitte nehmen Sie sich jetzt das Ziel aus dem Lebensbereich vor, der die niedrigste Ausgangszahl hatte. Das sollte dann Ihr erstes Ziel sein.

Es ist wichtig, dass Sie dieses Ziel innerhalb der nächsten 72 Stunden umsetzten. Die anderen Ziele folgen schrittweise nach der Umsetzung des 1. Ziels.

Das ist der erste Schritt für Sie, um wieder mehr Gleichgewicht in Ihr Leben zu bekommen. Sie werden sich in der Regel besser fühlen, wenn die Bereiche im Gleichgewicht sind.

Die Kunst ist das Gleichgewicht zu halten,- doch das ist eine Herausforderung.

Das Leben verläuft wellenförmig. Deshalb kommen wir auch immer mal wieder aus dem Gleichgewicht. Aber das gehört zum Leben.

Wichtig ist, dass Sie ein Bewusstsein dafür entwickeln und ihre Lebensbereiche regelmäßig reflektieren.

Ich wünsche Ihnen ganz viel Erfolg beim Gleichgewicht halten. Möge sich Ihr eigenes Gleichgewicht einstellen.

12. Die Zukunft gehört noch niemandem

Wie bereits erwähnt können Sie die Vergangenheit nicht mehr ändern. Die einzige Zeit, die Sie kontrollieren können, ist das Hier und Jetzt.

Was es noch nicht gibt, ist die Zukunft. Diese ist noch nicht geschrieben und sie ist nicht existent. Genau das macht die Zukunft so wertvoll. Wir können Sie nach unseren Wünschen gestalten. Die Zukunft gehört noch niemandem!

Der Ort, an dem Sie sich jetzt befinden, ist zum großen Teil die Folge Ihrer ehemaligen Entscheidungen. Das bedeutet auch, dass Sie neue Entscheidungen treffen können, wenn Ihnen Ihr momentanes Leben nicht gefällt.

Andere Entscheidungen können vielleicht eine bessere Zukunft ergeben. Ihre Entscheidungen führen somit zu Veränderungen in Ihrem Leben.

Der Begriff Veränderung macht einigen Menschen Angst. Das einzig Beständige im Leben ist die Veränderung.

Wenn Sie sich entschließen, nichts für Ihre Zukunft zu machen und von einem Tag in den anderen zu leben, dann verändert sich die Welt um Sie herum trotzdem. Auch Sie verändern sich täglich körperlich und geistig. Das geschieht auch dann, wenn Sie das nicht jeden Tag bewusst wahrnehmen.

Entscheiden Sie selbst über die Gestaltung Ihrer Zukunft!

Selbstbestimmung ist ein wichtiger Teil für Lebenszufriedenheit. Je mehr Sie Ihr Leben selbst bestimmen, desto zufriedener sind Sie.

Gestalten bedeutet aktiv werden und Mut zur Veränderung entwickeln.

Aus der evolutionären Geschichte heraus lernen wir, dass Vieles schaffbar ist. Sowohl Situationen, die schon gewesen sind, als auch bisher noch nicht erlebte, neue Situationen.

Grenzen setzen wir uns in der Regel immer selbst. Veränderungen können solche Grenzen auflösen oder erweitern.

Da wir uns dieser Wirklichkeit nicht verschließen können, macht es keinen Sinn gegen Veränderungen im Leben anzukämpfen. Wenn wir gegen das Leben kämpfen, gewinnt meistens das Leben.

Es ist hilfreich, für Veränderungen offen zu sein. Öffnen Sie Veränderungen Ihre Tür und heißen Sie diese willkommen.

Wenn Sie etwas verändern, dann gehen Sie kleine Schritte! Veränderung sollte schrittweise geschehen. Kleine Schritte können eine Hebelwirkung haben, somit können kleine Veränderungen große Auswirkungen haben.

Wir Menschen sind „Gewohnheitstiere" und hängen an dem, was wir schon immer gemacht haben. Deshalb fällt es uns auch so schwer, Gewohnheiten wieder abzulegen. Gerade Veränderungen verlangen von uns, etwas loszulassen.

Doch das können wir erlernen.

Fahren Sie z.B. einen anderen Weg zur Arbeit oder essen Sie in einem anderen Restaurant.

Wenn wir unsere Gewohnheiten verlassen, dann öffnen sich neue Türen. Das kann spannend sein und bringt Abwechslung ins Leben.

Veränderungen sind also auch sehr interessant und können neue Motivation mit sich bringen.

Es kommt hierbei wieder auf Ihre interne Bewertung an. Wenn Sie Veränderungen nicht als bedrohlich einstufen, sondern als eine Herausforderung, dann können Sie sich weiterentwickeln.

Damit wir nicht stagnieren, brauchen wir immer wieder Impulse und Anregungen von außen. Wir müssen uns positiv fordern.

Die Zukunft hat auch etwas mit dem Thema Geduld zu tun. Geduld bedeutet auch, abwarten zu lernen.

Einige typische Geduldsfallen sind z.B.:

- Man jemanden telefonisch erreichen möchte und keiner geht sofort ans Telefon.

- Wir stehen beim Einkaufen an der Kasse und eine ältere Person sucht das Kleingeld aus der Tasche.

- Wir sitzen im Auto und jemand vor uns fährt langsamer als man selbst oder gefühlt ist jede Ampel rot.

Einige haben wenig Geduld. Häufig kann unsere Leistungsgesellschaft mit diesem Wert nichts anfangen.

Ungeduld führt manchmal zu ungewollten Ereignissen in der Zukunft. Gemeint sind z.B. die Menschen, die etwas haben wollen, obwohl sie das Geld dafür noch nicht besitzen. In der heutigen Zeit ist der Kredit für solche ungeduldigen Menschen eine tolle Erfindung. Diese Menschen machen Schulden, die sie in der Regel nicht mehr zurückzahlen können. Sie können nicht warten, sie brauchen die neuen Konsumgüter sofort.

Ungeduldige brechen ein Vorhaben schnell ab, weil es Ihnen zu lange dauert. Ungeduldige sind tendenziell eher anfällig für Suchtkrankheiten.

Geduldige Menschen haben in der Regel bessere Bildungsabschlüsse, weil sie ein gutes Durchhaltevermögen haben. Ebenso führen diese häufig auch stabilere Beziehungen, weil sie sich nicht den kurzfristigen Impulsen hingeben. Sie können in schwierigen Situationen Geduld aufbringen.

Wenn wir eine Ausbildung oder ein Studium machen, dann ist uns klar, dass das ein paar Jahre dauern wird. Wenn es aber um die eigene Veränderung geht, z.B. abnehmen, Muskeln aufbauen, eine neue Sportart lernen oder optimistischer werden wollen, dann soll es nach Möglichkeit morgen schon klappen. Uns selbst geben wir in der Regel am wenigsten Zeit. Mit uns haben wir die wenigste Geduld.

Haben Sie vor allem Geduld mit sich selbst.

Wir können heute nicht sagen, was uns die Zukunft bringen wird. Wir können aber mehr dazu beitragen, als wir oftmals für möglich halten.

Es spielt eine wichtige Rolle wie wir über uns selbst und unser Leben denken.

Wir haben bereist festgehalten, dass unsere Überzeugungen und Gedanken, sowie unsere Worte die Ergebnisse extrem beeinflussen können. Gedanken sind primär nur Gedanken und nichts weiter. Diese haben erstmal keine Möglichkeit, etwas zu bewegen. Erst wenn wir den Gedanken die Bedeutung zukommen lassen und diese auch gefühlsmäßig und emotional zulassen, dann haben die Gedanken Kraft, unsere Psyche und unseren Körper zu beeinflussen.

Wenn wir mehr in Möglichkeiten denken, als uns Sorgen zu machen, hat unsere Zukunft eine ganz andere Entfaltungsmöglichkeit. Wenn wir eine positive und optimistische Grundhaltung einnehmen, dann öffnen sich auch häufig neue Türen.

Umgeben Sie sich lieber mit Menschen, die immer pessimistisch sind, jammern und Trübsal blasen oder verbringen Sie lieber Zeit mit Menschen, die lachen, optimistisch und motiviert sind?

Wenn Sie sich selbst und Ihrem Leben keine Chance geben, weil Sie sich vorwiegend Sorgen machen und sich vor allem auf die Schwierigkeiten konzentrieren, dann machen Sie sich kleiner als Sie sind. Dann geben Sie Ihrer Zukunft nicht eine Möglichkeit, sich positiv zu entfalten.

Wenn Sie nur schlechtes erwarten und auf das gute hoffen, dann wird Ihnen das Leben in der Regel Ihre Erwartungen erfüllen. Schon Henry Ford erkannte das und sagte es mit den Worten:

„Ob du denkst, du kannst es oder du kannst es nicht: Du wirst auf jeden Fall Recht behalten."

Achten Sie auf Ihre Erwartungen und Ihre Gedanken, sie können ein großer Teil Ihrer Zukunft sein.

Was benötigen wir um unsere Zukunft zu gestalten? Ich habe hier das Wort Zukunft als Gedankenhilfe erarbeitet:

Z	=	Ziele
U	=	Unbequem
K	=	Kontrolle
U	=	Unterstützung
N	=	Neugier
F	=	Fehler
T	=	Taten

Die einzelnen Ebenen bedeuten:

Z   =   Ziele

Wir benötigen Ziele, damit wir eine Richtung haben. Ohne eigene Ziele ist die Zukunft ein reines Zufallsprodukt. Wir sollten wissen, wie unsere Zukunft aussehen soll. Über Ziele werde ich noch genauer im Kapitel 13 eingehen.

U   =   Unbequem

Viele Menschen gehen gerne den Weg des geringsten Widerstandes. Dieser ist aber häufig nur am Anfang „asphaltiert". Wenn wir es immer nur bequem wollen, dann können wir nichts neues erreichen. Wir müssen bereit sein, unsere „Komfortzone" zu verlassen.

Was versteht man unter dem Begriff „Komfortzone"?

In der Komfortzone fühlen wir uns wohl, sie gibt uns Sicherheit und ist uns vertraut. Sie ist unsere immer wiederkehrende Routine. Wir nehmen diese ein, wenn wir z.B. jeden Abend Stunden vor dem Fernseher verbringen, immer das gleiche einkaufen, immer die gleichen Wege nehmen, immer zum gleichen Zahnarzt, Hausarzt, Friseur oder zur gleichen Werkstatt gehen.

Natürlich brauchen wir solche festen Rahmen in unserem Leben. Sie geben uns Halt. Solche Bereiche können auch dazu beitragen, dass wir uns entspannen können.

Problematisch wird es, wenn wir unsere Komfortzonen nicht mehr verlassen. In dieser Zone findet in der Regel keine Weiterentwicklung, kein neues Lernen mehr statt.

Das bedeutet im Umkehrschluss: Wenn wir unsere Komfortzone verlassen, entwickeln wir uns häufig weiter. Es kann erst Mal sehr unbequem sein, neue Wege zu gehen.

Es lohnt sich ungemein, immer wieder mal seine Komfortzone zu verlassen. Dann besteht auch nicht die Gefahr, dass diese größer wird. Am Anfang ist vieles, was wir lernen oder auch verändern wollen, unbequem. Doch wenn wir uns dieser Herausforderung stellen, werden wir oftmals mit Erfolg belohnt.

Das Leben findet häufig außerhalb der Komfortzone statt.

Auch Sie selbst dürfen sich ab und zu erlauben, „unbequem" zu sein, damit Sie sich nicht verbiegen lassen und sich Ihren eigenen Werten treu bleiben.

K   =   Kontrolle

Behalten Sie nach Möglichkeit die Kontrolle über Ihr Leben. Das funktioniert, wenn Sie aktiv bleiben und Sie die Verantwortung für Ihr Leben übernehmen. Schieben Sie nie die Verantwortung Ihres Lebens auf andere. Wenn Sie passiv sind und keine Entscheidungen treffen, machen es andere für Sie. Hier gilt der Grundsatz: „Wer Entscheidungen trifft, tut das, wofür er sich entschieden hat!"

U   =   Unterstützung

Wir benötigen in unserem Leben Unterstützung. Wir brauchen andere Menschen. Einzelkämpfer haben häufig wenig Chancen auf ein erfülltes Leben. Seien Sie offen für Hilfe und bitten Sie auch andere um Hilfe.

Menschen brauchen das Gefühl gebraucht zu werden. Deshalb gibt es auch sehr viele ehrenamtliche Wirkende in unserem Land. Die Belohnung in Form von Anerkennung und das Gefühl gebraucht zu werden ist mit keinem Geld der Welt aufzuwerten.

N   =   Neugier

Bleiben oder werden Sie neugierig. Neugier ist ein wichtiger Trieb. Neugier hilft uns, in unserer Geschichte voran zu schreiten. Es muss immer Menschen geben, die neugieriger sind als andere, damit eine Entwicklung stattfindet. Der Schlüssel zur Veränderung: „Machen Sie etwas anderes!". Es steckt schon in dem Wort „Neu-gier". Es ist die Gier nach etwas Neuem. Mit Neugier finden Sie neue Wege.

F   =   Fehler

Machen Sie Fehler. Hüten Sie sich vor Perfektionismus. Viele Menschen können nicht gut mit Fehlern umgehen. Vielleicht ist das so, weil unsere Gesellschaft auf Fehler achtet. Deutschland ist eher defizitorientiert.

Einige Menschen haben große Angst, Fehler zu machen.

Die Angst kann so groß sein, dass diese kaum noch handlungsfähig sind. Lieber nichts tun, als etwas falsch zu machen, ist dann die Devise.

Wenn Sie Fehler machen, können Sie sich entwickeln und etwas dazulernen.

Winston Churchill sagte schon: „Es ist von großem Vorteil, die Fehler, aus denen man lernen kann, recht frühzeitig zu machen."

Viele erfolgreiche Menschen sind sich einig: Wer mehr Fehler macht, der wird schneller erfolgreich. Machen Sie also ruhig Fehler und haben Sie keine Angst davor.

T   =   Taten

Am Ende entscheiden Ihre Taten über Ihre Zukunft. Was immer Sie machen oder nicht machen beeinflusst maßgeblich Ihre Zukunft.

„Kleine Taten, die man ausführt, sind besser als große, die man plant!" (George C. Marshall)

Hier versteckt sich der folgende Gedanke: Wenn wir etwas wollen, dann müssen wir etwas tun. Das unterscheidet oftmals die Menschen, die immer nur über Ihre Zukunft sprechen, von denen, die Ihre Zukunft in die Hand nehmen und diese selbst gestalten.

Richten Sie Ihre Taten auf Ihre Ziele aus.

Ich wiederhole mich hier gerne: „Am Ende des Lebens bereuen Sie nicht das, was Sie getan haben, sondern das, was Sie nicht getan haben!"

Ich wünsche Ihnen von ganzem Herzen, dass Sie Ihre Zukunft nach Ihren Wünschen und Zielen entwickeln und, dass Sie das Leben leben können, was Sie sich erträumen.

Ich wünsche Ihnen, dass sich alle Türen für Sie öffnen, die Sie benötigen, um Ihr persönliches Lebensglück zu finden.

Setzen Sie sich nicht zu viele Grenzen, überschreiten Sie lieber welche. Verlassen Sie Ihre Komfortzone und suchen Sie sich mit Neugier neue und spannende Herausforderungen.

Es liegt an Ihnen: Die Entscheidungen, die Sie heute treffen, machen den Unterschied.

Haben Sie keine Angst vor der Zukunft! Die Zukunft gab es schon immer!

13. Ziele sind wichtig!

Haben Sie Ziele? Wissen Sie genau, was Sie wollen? Was tun Sie zur Zeit, um Ihre Ziele zu erreichen? Was ist Ihr nächstes Ziel?

Diese Fragen sind nicht immer einfach und nicht jeder kann zügig eine Antwort geben. Es gibt Menschen, die sagen: „Ich habe keine Ziele." Oder: „Ziele lohnen sich nicht, es kommt ja eh alles anders."

Ohne Ziele gibt es keine wirkliche Richtung im Leben. Hier wird als Metapher häufig ein Boot auf dem Meer verwendet.

Nehmen wir an, dass Sie ein Boot haben. Wenn Sie sich auf dem Meer ohne eine Richtung treiben lassen, dann haben viele Faktoren Ihren Weg in der Hand: Der Wind, die Wellen, die Gezeiten und vieles andere.

Wo Sie ankommen, ist ungewiss. Wenn Sie keine Ziele und keine Richtung haben, dann kann es sein, dass Ihnen andere die Richtung vorgeben. Setzen Ihre Segel so in den Wind, dass Sie in die gewünschte Richtung kommen.

Mit Zielen vor Augen können Sie sich von anderen abgrenzen, weil Sie wissen, was Sie wollen. Sie können „nein" sagen. Sie haben klare Prioritäten.

Behalten Sie beim Beschreiten Ihres Weges im Hinterkopf: „Der Weg ist das Ziel." *Konfuzius*

Auch wenn Sie Ziele erreichen, sind Sie oftmals nicht wirklich angekommen.

Was passiert nach dem Erreichen des Zieles?

Viele können sich nicht lange an dem erreichten Ziel erfreuen oder es genießen. Stattdessen suchen Sie neue Ziele und machen sich wieder auf den Weg. Daher kann es wichtig sein, den Weg zu genießen und ihn mit voller Aufmerksamkeit wahrzunehmen.

Neue Wege können neue Türen öffnen.

Das Ziel kann sich auf der begonnenen Reise ändern. Metaphorisch gesprochen: Wenn Sie im Boot sitzen, schauen Sie nicht nur Richtung Hafen. Genießen Sie die Fahrt auf dem Meer. Betrachten Sie die Wellen, riechen Sie die frische Brise, lauschen Sie dem Wasser.

Das Leben ist auch oft wie das Meer. Es verläuft wellenförmig. Mal sind wir unten, mal sind wir oben. Es gibt Sonnenschein und es gibt stürmische Tage, zwischendurch auch mal ein richtiges Gewitter.

Mal ist das Wasser wie ein Teppich und alles ist still und behutsam, mal ist es sehr laut und aufbrausend. Mal werden wir seekrank und die Wellen schlagen uns ins Gesicht. Und mal geht es uns richtig gut und wir genießen die wärmenden Sonnenstrahlen und den frischen Fahrtwind.

Das Leben ist wie das Meer, doch wir kennen meistens nur die Oberfläche und gehen selten in die Tiefen.

Wer nicht auch mal ins „kalte Wasser" springt, schützt sich vor positiver Weiterentwicklung und dem Dazulernen.

Sie sollten nicht immer mit dem „Strom" schwimmen. Auch, wenn es sehr anstrengend ist, gegen den „Strom" zu schwimmen, können Sie dadurch ungeahnte „Ufer" erreichen.

Personen, die nur die Karriereleiter aufsteigen wollen, haben häufig nur ein Ziel vor Augen - die Karriere. Es kann aber passieren, dass solche Menschen am Ende erkennen müssen, dass die Leiter die ganze Zeit an der falschen Wand stand. Schützen Sie sich vor solchen Situationen, indem Sie achtsam auf Ihrem Weg sind.

Wenn Sie nach Ihren eigenen Zielen suchen, dann können Sie sich folgende Fragen stellen:

1. Wozu dient dieses Ziel?

2. Was ermöglicht es mir, das wirklich sinnvoll für mich ist ?

Lassen Sie sich bei Ihren Zielen nicht zu sehr von anderen Menschen beeinflussen. Es sollte Ihr Weg und Ihr Ziel sein. Sie hatten im Kapitel 2 bereits eine Liste, mit allem was Ihnen gut tut, gemacht. Hieraus ergeben sich auch Ziele für Sie. Wichtig ist, dass Sie ihre Ziele schriftlich notieren. Gedanken, die Sie nicht schriftlich festhalten, können wieder vergehen. Was Sie schriftlich für sich festgehalten haben, können Sie besser nachvollziehen.

Wir erarbeiten in unserem Leben viele Listen.

Dazu gehören To-Do-Listen, Einkaufslisten, Partyeinladungen, etc. Für wichtigere Dinge wie unsere eigenen Ziele oder Wünsche erstellen wir jedoch meist keine Listen.

Wenn Sie sich Ziele gesetzt haben und diese regelmäßig visualisieren, dann denken Sie auch mehr darüber nach. Ihr Unterbewusstsein steuert Sie unbewusst in Ihre gewünschte Richtung.

Ein Beispiel: Wenn Sie sich ein neues Auto kaufen wollen, dann sehen Sie auf einmal überall auf der Straße genau das Fabrikat. Vorher haben Sie es nicht so oft gesehen. Das liegt daran, dass Ihre Aufmerksamkeit sich jetzt verändert hat, weil Sie ein neues Ziel haben. Ihr Unterbewusstsein steuert Sie dann in Ihre Richtung.

Auf dem Weg zum Ziel kann alles Mögliche passieren. Sie müssen ggf. Ihr „Boot" den Gegebenheiten neu anpassen. Wenn Sie auf dem Weg erkennen sollten, dass das Ziel nichts für Sie ist, dann ist das gut, weil Sie diesen Weg ausschließen können. Sie brauchen sich darüber dann keine Gedanken mehr zu machen.

Und was ist, wenn Sie Ihr Ziel erreicht haben?

Das Erreichen eines Zieles kann häufig zum Stillstand führen. Vor allem ältere Menschen, die das Ziel Rente tatsächlich erreicht haben, fallen häufig in ein tiefes Loch. Auf dem Weg zu diesem Ziel haben sie funktioniert und hatten eine Aufgabe, doch jetzt ist das Ziel erreicht und Sie haben keine Aufgabe mehr.

Jemand hat endlich die begehrte Arbeitsstelle bekommen, die er schon immer haben wollte, doch wie lange hält diese Erfüllung an? Viele schauen sich nach kurzer Zeit schon wieder nach neuen Herausforderungen und Zielen um.

Auch in Beziehungen läuft das heute oftmals schnell: Endlich hat man den Traumpartner gefunden und nach einiger Zeit wird festgestellt, dass es auch nur ein Mensch ist. Und dieser sogar Schwächen hat und Verhaltensweisen, die stören. Einige Menschen schauen sich dann schon wieder nach einem neuen Partner um.

Somit ist es häufig so, dass Menschen auf dem Weg zum Ziel zufriedener sind als bei der endgültigen Erfüllung des Zieles.

Wie kann man sich Ziele so setzen, dass diese auch erreicht werden können?

Das Wichtige ist, sich seiner Ziele bewusst zu werden. Welche Ziele will man erreichen? Was sind meine Ziele im Gegensatz zu den Zielen meiner Mitmenschen?

Einige Menschen setzen sich bewusster mit diesem Thema auseinander, wenn sie in einer Krise sind. Vielleicht ist es die Midlifecrisis oder der Verlust des Partners oder eine Krankheit. Doch müssen wir immer erst in einer Lebenskrise stecken, um uns für unser eigenes Leben Zeit zu nehmen?

Wenn Sie sich jetzt mit Ihren Zielen auseinandersetzen und diese aufschreiben, dann haben Sie eine Liste mit Wünschen.

Auf vielen Wunsch-Listen stehen materielle Dinge, wie z.B. ein tolles Auto, ein großes Haus, der neue Laptop usw.

Das sind natürlich erstrebenswerte Dinge, aber stellen Sie sich folgende Situation vor: Sie liegen im Sterbebett und haben nur noch zwei Tage zu leben. Was wäre Ihnen dann noch wichtig?

Sind es dann die materiellen Dinge auf Ihrer Liste, die Sie in den letzten Tagen bei sich haben wollen? Vielleicht macht diese Vorstellung etwas Angst und ein ungutes Gefühl, aber es macht bewusster, was wirklich wichtig ist im Leben.

Materielle Dinge sind auch wichtig und machen viele glücklich. In unserer Konsumgesellschaft lassen sich einige von den Dingen blenden und sehen nicht mehr das Wesentliche im Leben.

Je mehr Dinge Sie haben, desto mehr haben die Dinge Sie!

Beispiel-Ziele:

- „Ich möchte aufhören zu rauchen."

- „Ich will mich mehr bewegen."

- „Ich will einen neuen Job haben."

- „Ich möchte mehr Freunde haben."

- „Ich will mehr Zeit für mich haben."

Das sind gute Vorhaben. Aber: Sie sind zu ungenau. Sie sollten diese Ziele besser beschreiben, damit Sie wissen, was Sie tun sollen.

Es gibt verschiedene Ansätze und Methoden, um Ziele effektiv zu formulieren,- z.B. die SMART-Methode. Diese steht für S=spezifisch, M=messbar, A=akzeptiert, R=realistisch und T=terminiert.

Diese Methode und einige Abwandlungen hiervon sind weitläufig bekannt und werden häufig verwendet. Innerhalb einer Therapie ist diese Methode gut anzuwenden. Für den privaten Bereich erachte ich die Messbarkeit für schwierig und ich halte andere Faktoren auch für wichtig, die in dieser Methode nicht berücksichtigt werden.

Ich habe hierzu eine eigene Methode erarbeitet, die weitere wichtige Faktoren berücksichtigt.

Ich benutze das Wort „ERFOLG". Sie wollen mit Ihren Zielen Erfolg haben.

E   =   erreichbar

R   =   Risiko

F   =   Folgen

O   =   optimistisch

L   =   Laufzeit

G   =   gesund

Im Einzelnen ist mit dem Begriff ERFOLG Folgendes gemeint:

E   =   erreichbar

Als Erstes muss das Ziel erreichbar erscheinen. Ich verwen-
de mit Absicht das Wort erscheinen, weil Sie nicht wissen
können, ob es tatsächlich erreichbar ist. Andernfalls können
Sie das Ziel nicht mit voller Überzeugung angehen.

R   =   Risiko

Gibt es ein Risiko auf dem Weg zu Ihrem Ziel? Haben Sie
alle positiven und negativen Faktoren abgewägt? Einige Ziele
im Leben erfordern Mut und eine gewisse Risikobereitschaft.
Daher kann es wichtig sein, das mögliche Risiko vorher zu
kalkulieren.

F   =   Folgen

Ziele haben Folgen. Erfolg ist etwas, das auf ein bestimmtes
Handeln folgt. Es hat einen Preis, den Sie zahlen müssen.
Wenn Sie ein Ziel haben, müssen Sie gegebenenfalls auf etwas verzichten. Wenn Sie z.B. ein Studium machen wollen,
dann müssen Sie auf einen Teil Ihrer Freizeit verzichten.
Wenn Sie nicht mehr rauchen wollen, müssen Sie auf die Zi-
garetten verzichten. Wenn Sie Profisportler werden wollen,
müssen Sie auf die Bequemlichkeit des Sofas häufiger verzichten.

Denken Sie an die Folgen Ihrer Ziele.

Machen Sie es sich bewusst, worauf Sie gegebenenfalls verzichten müssen, um Ihr Ziel zu erreichen.

O   =   optimistisch

Gehen Sie optimistisch an Ihre Ziele heran. Zum Thema Optimismus gibt es noch mehr im Kapitel 15 zu lesen. Wenn Sie sich für ein Ziel entschieden haben, dann bleiben Sie optimistisch. Formulieren positiv: „Ich esse jeden Tag einen Apfel und abends eine Schale Gemüse."

Optimismus hilft Ihnen auch bei Niederlagen weiter. Beharrlichkeit und Ausdauer sind der Schlüssel zum Erfolg.

L   =   Laufzeit

Ihr Ziel sollte eine klare Laufzeit haben. Sie sollten festlegen, wann Sie beginnen und wann Sie das Ziel erreicht haben wollen. Das ist ganz wichtig, weil Sie sich sonst verlaufen können.

Wichtig ist auch, dass Sie mit Ihrem Ziel innerhalb der nächsten 72 Stunden nach der Entscheidung beginnen. Selbst dann, wenn es nur eine Kleinigkeit ist, wie ein Telefonat oder eine Überschrift auf einem Blatt Papier oder ein Gespräch mit einem Freund über das Vorhaben. Machen Sie den ersten Schritt innerhalb der nächsten 72 Stunden. Sonst fangen Sie nicht an!

Sollte sich im Verlauf darstellen, dass die Frist zur Zielerreichung zu eng gewählt ist, dann ist das kein Problem.

Gleichen Sie den Endtermin an die Realität an, setzen Sie sich nicht zu sehr unter Druck! Denken Sie daran, dass der Weg das Ziel ist.

G   =   Gesund

Das Ziel sollte für Sie gesund sein. Mit gesund ist gemeint, dass das Ziel nicht zu einer physischen oder psychischen Überbelastung führt. Ehrgeiz ist gut, aber zu viel Ehrgeiz kann krank machen.

Es würde mich freuen, wenn Ihnen der Ansatz „ERFOLG" dabei behilflich ist, Ihre Ziele zu finden und diese auch anzugehen. Erreichte Ziele helfen auch dabei neue Ziele zu erreichen.

In unserer heutigen Leistungsgesellschaft haben einige Ängste vor Misserfolg. Sie setzen ihre Ziele daher häufig zu niedrig an. Diese „Grenzen" können uns auch vor großem Erfolg bewahren.

Wenn Sie verstehen, dass Niederlagen die Türen zum Erfolg sein können, dann brauchen Sie keine Angst haben. Sie dürfen mutiger werden, um das Leben zu gestallten, dass Sie sich wünschen.

14. Konflikte im Leben

Konflikte im Alltag entstehen häufig eher aus Missverständnissen in der Kommunikation oder im Verhalten.

Ich bin der Meinung, dass einige Menschen morgens nicht aufstehen, weil Sie sich sagen: „Heute ärgere ich jemanden!"

Es gibt aber auch Menschen, die morgens aufstehen, um andere Menschen mit Vorsatz zu ärgern. Ich benenne solche Menschen als toxische (giftige) Menschen. Diese toxischen Menschen sind auch dafür prädestiniert, Mobbing zu betreiben.

Mobber wollen häufig Aufmerksamkeit und Macht. Sie können sich nur schwer oder gar nicht in andere Menschen hineinversetzen. Es fehlt Ihnen an Einfühlungsvermögen (Empathie). Sie bringen anderen Menschen keine Wertschätzung entgegen.

Konflikte können somit auf Grund von toxischen Menschen (Vorsatz) oder im überwiegenden Teil durch Missverständnisse entstehen.

Konflikte gehören jedoch zum Leben dazu.

Was ist ein Konflikt?

Der Konfliktforscher Friedrich Glasl definiert einen Konflikt wie folgt:

Es ist eine Interaktion zwischen Menschen oder Gruppen. D.h. die Beteiligten haben miteinander zu tun und sind in der Regel voneinander in irgendeiner Weise abhängig.

Es kommt zu Unvereinbarkeiten im Denken oder Fühlen. Diese Unvereinbarkeiten werden von mindestens einem Beteiligten als emotionale Beeinträchtigung erlebt.

Meinungsverschiedenheiten stellen somit nicht immer auch einen Konflikt dar. Der Konflikt entsteht erst, wenn sich einer der Parteien beeinträchtigt fühlt.

Das Problem bei Konflikten ist, dass diese häufig die Tendenz haben, zu eskalieren.

Der Konfliktforscher Friedrich Glasl hat zahlreiche Konflikte untersucht und festgestellt, dass es bestimmte Phasen gibt, die sich in Konflikten zeigen.\I

Die jeweiligen Stufen habe ich zum besseren Verständnis mit einem Beispiel ergänzt:

1. Stufe: Verstimmung

Frau Grantig hat sich geärgert, dass die Kollegin Frau Einerlei Sie nicht gegrüßt hat.

2. Stufe: Debatte

Der Konflikt kommt auf den Tisch. Es gibt Streit und Vorwürfe. Alternativ wird der Konflikt nicht angesprochen („fällt unter dem Tisch").

3. Stufe: Taten statt Worte

Es kommt zum Rückzug. Der Kontakt wird abgebrochen. Aus Sicht der Konfliktpartner macht es keinen Sinn, weiter miteinander zu reden.

4. Stufe: Koalitionen

Die Konfliktpartner suchen sich jeweils Verbündete. Dritte werden gewollt / ungewollt in den Konflikt gezogen. Die eigenen Eindrücke werden ausgetauscht und bestätigt. Dies wird auch als soziale Ansteckung bezeichnet.

5. Stufe: Gesichtsverlust

Durch die Verbündeten hat man jetzt Rückendeckung. Nun sollen so viele Leute wie möglich erfahren, wie schlecht der andere ist.

6. Stufe: Ultimatum

Drohungen und Ultimaten werden gesetzt. Mit aller Macht sollen Veränderungen durchgesetzt werden. Die Gegenpartei fühlt sich unter Druck gesetzt und droht mit Sanktionen (z.B. Vorgesetzten).

7. Stufe: Begrenzte Vernichtung

Wut und Ärger wird in dieser Stufe immer heftiger. Psychische Gewalt wird angewendet (z.B. Unterlagen vernichten, Reifen kaputt machen). Gerüchte über den anderen werden in die Welt gesetzt.

8. Stufe: Zerstörung des gegnerischen Systems

Es kommt zu offenen Sabotagen. Diese können z.B. Rufmord und frontale Angriffe sein.

9. Stufe: Gemeinsam in den Abgrund

Der andere soll beruflich oder materiell zerstört werden. Das soll auch passieren, wenn man selbst Nachteile davon trägt. Hier kann es unter anderem zu Gerichtsprozessen kommen.

Mögliche alternative Ebenen eines Konfliktes:

Nicht bei allen Konflikten werden alle Phasen durchlaufen. Ein Konflikt kann auf jeder Stufe beendet werden. Die Stufen lassen sich nicht immer sauber trennen. Elemente aus früheren Phasen können später wieder auftreten. Es können im Konflikt Stufen übersprungen werden. Die Parteien können sich auch auf unterschiedlichen Stufen befinden.

Durch diese Konfliktstufen können Sie erkennen, dass Konflikte schnell eskalieren können. Oft sind die Auslöser in der 1. Stufe geringe Anlässe. Solche geringen Anlässe können Sie auch ab und zu im Fernsehen beobachten, wenn sich z.B. zwei Nachbarn streiten, weil der Gartenzaun des einen zehn Zentimeter in den Bereich des anderen ragt. In solchen Fällen geht es häufig schnell von der 1. Stufe in die 9. Stufe vor Gericht.

Die Konfliktstufen nach Glasl zeigen auch deutlich auf, dass es in der Regel besser ist, Konflikte frühzeitig anzusprechen, bevor diese eskalieren.

Im Umgang mit Konflikten wählen Menschen unterschiedliche Konfliktstile. Die häufigsten Konfliktstile sind:

- durchsetzen

- gemeinsam gewinnen

- Kompromiss

- vermeiden

- nachgeben

Dieser Ansatz wird als Thomas-Modell (Kenneth W. Thomas, 1976) bezeichnet. Es stellt sicherlich die vereinfachte Wirklichkeit dar. Hierüber lässt sich das eigene und das fremde Konfliktverhalten gut einordnen.

Konflikte können unterschiedlich gelöst werden. Dies lässt sich anhand von zwei Dimensionen unterscheiden: an der Orientierung der eigenen Bedürfnisse und an der Orientierung der Bedürfnisse anderer.

Wenn ich mich ausschließlich an meinen eigenen Bedürfnissen orientiere und nicht daran, welche mein Gegenüber hat, dann kann man diesen Konfliktstil mit „durchsetzen" bezeichnen.

Wenn ich umgekehrt ausschließlich um die Bedürfnisse der anderen bemüht bin, dann ist es eher der Konfliktstil „nachgeben".

Wenn ich dem Konflikt aus dem Weg gehe, weil ich mich weder für meine noch für die anderen Bedürfnisse einsetze, dann ist es der Konfliktstil „vermeiden".

Wenn ich mich in der Mitte treffen möchte, weil ich der Meinung bin, dass jeder etwas nachgeben sollte, dann ist es der Konfliktstil „Kompromiss".

Wenn ich der Meinung bin, dass Konflikte eine Chance für beide sind, um die Bedürfnisse von beiden zu erfüllen, dann ist es der Konfliktstil „gemeinsam gewinnen". Es wird eine win-win Situation erarbeitet.

Hierbei gibt es keinen falschen oder richtigen Konfliktstil. Es ist grundsätzlich vom Kontext (Situation) abhängig, wie ein Konflikt verläuft. Alle genannten Konfliktstile haben ihre Vorteile und Nachteile.

Folgende Vor- und Nachteile sehe ich bei den benannten Konfliktstilen:

Konfliktstil „durchsetzen"

Es gibt einige Situationen, in denen das Durchsetzen wichtig sein kann. Vor allem in Notfallsituationen sollte sich jemand durchsetzen, da es hier wenig Zeit für Entscheidungen gibt. Aber auch in kleinen Dingen im Leben gehört es dazu, sich durchzusetzen. Der Vorteil ist, dass derjenige, der sich durchsetzt, in der Regel das bekommt, was er möchte. Der Nachteil kann darin bestehen, das der andere nichts bekommt. Daher halte ich diesen Konfliktstil in der Partnerschaft eher für ungeeignet.

Konfliktstil „gemeinsam gewinnen"

Beim Konfliktstil „gemeinsam gewinnen" geht es darum, dass beide Parteien das bekommen, was Sie sich wünschen. Dies ist der große Vorteil dieses Konfliktstils. Der Nachteil besteht darin, dass eine gemeinsame Lösung für beide Parteien in der Regel nicht so einfach darzustellen bzw. zu erarbeiten ist.

Es benötigt Zeit und eine gewisse Offenheit auf beiden Seiten. Das Prinzip des „gemeinsam gewinnen" kommt ursprünglich aus dem Harvard Konzept (Roger Fisher, William L. Ury, 1981). Hier wird es als win-win Situation beschrieben. Der Grundgedanke ist das Verhandeln. Das Prinzip besagt: Weich zum Menschen und hart in der Sache.

Konfliktstil „Kompromiss"

Der Vorteil bei einem Kompromiss ist, dass der Konflikt in der Regel schnell primär gelöst ist. Primär deshalb, weil es auch sein kann, dass sich der Konflikt im Verlauf der Zeit erneut ergibt. Der Nachteil ist, dass beide Parteien von Ihren Interessen zum Teil Abstand nehmen müssen.

Konfliktstil „vermeiden"

Der Vorteil beim Konfliktstil „vermeiden" ist, dass man sich dem Konflikt erst gar nicht stellt. Der Nachteil ist, dass der Konflikt nicht gelöst wird und gegebenenfalls eskalieren kann. Das Vermeiden von Konflikten ist aber auch ein wichtiger Faktor bei Konflikten. Sich allen Konflikten zu stellen kann zu einer Belastung führen. Es gibt viele Konflikte im Alltag, die es nicht Wert sind, sich Ihnen zu stellen.

Beispiel: Jemand schneidet Sie im Straßenverkehr extrem und Sie müssen akut abbremsen. Sie können dem Verursacher hinterher fahren und ihn zum Anhalten bewegen, um Ihn dann fertig zu machen. Sie können aber auch denken: „Der hat mich nicht gesehen, vielleicht ist er noch nicht richtig wach." Somit können Sie den Vorfall vergessen und weiterfahren.

Das Vermeiden von Konflikten stellt somit auch eine Art „Psychohygiene" dar.

Konfliktstil „nachgeben"

Der Vorteil beim Konfliktstil „nachgeben" ist, dass man den Konflikt schnell lösen kann und sich nicht weiter mit ihm beschäftigen muss. Der Nachteil ist, dass man nicht das bekommt, was man wollte. Das Nachgeben macht häufig bei Menschen Sinn, die uns wichtig sind (z.B. in der Partnerschaft).

Wenn man Konflikte konstruktiv ansprechen möchte, sollte man wie beim Feedback keine Bewertungen vornehmen, sondern die eigene Sichtweise beschreiben. Das Schema „sag-es" (Thomas Schmidt) dient als gute Merkhilfe.

Sichtweise schildern

Beginnen Sie mit Ihrer eigenen Wahrnehmung und Sichtweise. Beschreiben Sie konkret, was Sie gehört und gesehen haben. Verwenden Sie hierbei keine Verallgemeinerungen oder Bewertungen.

Auswirkungen beschreiben

Beschreiben Sie, welche Auswirkungen ein bestimmter Konflikt auf Sie und auf andere hat. Welche Auswirkungen hat dieser Konflikt für Ihr Leben?

Gefühle benennen

In diesem Schritt teilen Sie dem anderen mit, was der Konflikt für Sie persönlich bedeutet, indem Sie Ihre Gefühle benennen.

Beispiel: „Ich fühle mich überfordert." oder „Das ärgert mich!". Die eigenen Gefühle zu benennen ist im betrieblichen Kontext häufig ungewöhnlich und wird oftmals vermieden. Es ist aber sinnvoll, die eigenen Gefühle zu benennen, damit der andere versteht, wie wichtig Ihnen das Thema ist.

Erfragen, wie der andere die Situation sieht

Hier geht es darum, die Sichtweise und Wahrnehmung des anderen zu verstehen. Es fällt vielen schwer, die Sichtweise eines anderen gleichberechtigt zu sehen. Fassen Sie das Gesagte zusammen, damit der andere spürt, dass Sie an einer ehrlichen Klärung interessiert sind. Wichtig ist hierbei, den anderen nicht zu unterbrechen,- auch, wenn Sie etwas hören, was Ihnen nicht gefällt. Durch das Unterbrechen oder durch Rechtfertigungen kommen Sie in einen Positionskampf.

Schlussfolgerungen ziehen

Abschließend geht es darum, gemeinsam nach Lösungen zu suchen, die für die Zukunft für alle Beteiligten zufriedenstellend sind.

Wie können Sie auf den Konfliktpartner eingehen?

Wenn Sie auf den Konfliktpartner eingehen, sollten Sie folgende Sachen unterlassen:

- unterbrechen

- Kritik abtun oder verharmlosen

- sich rechtfertigen

- sich auf die gleiche Ebene begeben

Sie sollten folgende Punkte einhalten:

- aktiv zuhören

- nachfragen

- auf die Emotionen eingehen

- Verständnis zeigen / entschuldigen

- das Feedback wertschätzen

Die folgenden Anregungen können Ihnen dabei helfen:

1. Gewinnen Sie Zeit

- Wiederholen Sie mit Ihren eigenen Worten, was der andere gesagt hat und achten Sie auf seine Zustimmung.

2. Würdigen Sie den anderen

- Achten Sie auf Ihre innere Haltung.

- Es ist eine Chance, etwas zu lernen.

- Signalisieren Sie nonverbal Interesse.

- Sagen Sie z.B.: „Danke, dass Sie das jetzt so offen und direkt ansprechen."

3. Zeigen Sie Mitgefühl

- Entschuldigen Sie sich ohne Schuldeingeständnis.

- Beispiel: „Es tut mir leid, wenn ich Sie aus Versehen irritiert / verletzt / verärgert... habe."

4. Relativieren Sie die Sicht\J

- Z.B. „Ich weiß, Sie sehen das natürlich auf Ihre Art von Ihrem Standpunkt aus."

5. Die Konkret-Frage

Wenn Sie nicht weiterkommen, können Sie die Konkret-Frage stellen:

- „Was ist jetzt in dieser Angelegenheit Ihr konkreter Wunsch an mich?"

Der Vorteil bei der Konkret-Frage ist, dass der Konfliktpartner jetzt kognitiv konkretisieren muss. Einige Menschen können das nicht, wenn sie emotional aufgebracht sind. Es kommen dann eher Aussagen wie „Ich wollte das auch nur mal gesagt haben!"

Wie bereits erwähnt gehören Konflikte zum Leben. Diese bieten auch Chancen. Sich den Konflikten im Leben zu stellen bietet Ihnen u.a. folgende Chancen:

- Weiterentwicklung

- Abbau von Spannungen

- Selbstreflexion

- gute Lösungsmöglichkeiten

- Grenzen setzen können

- andere Menschen besser kennen lernen

- Erhöhung des Selbstwertes

Sehen Sie Konflikte als eine Chance für Ihre persönliche Entwicklung.

„Wir brauchen uns nicht weiter vor Auseinandersetzungen, Konflikten und Problemen mit uns selbst und anderen fürchten, denn sogar Sterne knallen manchmal aufeinander und es entstehen neue Welten. Heute weiß ich, das ist das LEBEN!"

Charlie Chaplin

15. Vertrauen Sie Ihrem Leben

Was immer Sie auch machen: Vertrauen Sie Ihrem Leben. Wenn Sie gegen Ihr Leben ankämpfen, gewinnt das Leben.

Daher ist es wichtig, dass Sie das Leben nicht als Kampf sehen. Auch dann nicht, wenn Sie schwere Zeiten erleben.

Es gibt den Ansatz des positiven Denkens. Diesen finde ich vom Basis-Gedanken ganz effektiv. Wichtig ist die richtige Anwendung. Wenn Ihnen etwas Schlimmes widerfährt, sollen Sie sich das nicht positiv reden (=falsche Anwendung). Diese „falsche" Art des positiven Denkens ist nicht mit der Wirklichkeit vereinbar und führt häufig zu weiteren Problemen. Vorsicht also vor der falschen Anwendung des positiven Denkens!

Positive Gedanken helfen die Aufmerksamkeit in eine bessere Richtung zu lenken. Somit ist die Chance größer auch positive Situationen anzuziehen.

Es gibt „Chakka" Prediger, die Folgendes sagen:

„Du musst nur wollen und positiv denken und schon geht alles!".

Solche Aussagen halte ich für sehr gefährlich und bedenklich. So einfach verhält sich das mit unserem „Willen" nicht. Es ist umstritten, ob es den freien „Willen" gibt oder nicht. Wenn wir etwas wollen, dann fällen wir einen Entschluss und gehen das Ziel an. Das kann auch eine Unterlassung sein, z.B. mit dem Rauchen aufhören wollen. Wenn wir einen „Willen" umsetzen wollen, dann brauchen wir dazu Kraft. Diese Kraft nennt man auch „Willenskraft".

Zur Willenskraft gehören auch Konzentration und Durchhaltevermögen.

Der Knackpunkt ist oft das Durchhaltevermögen, wenn es um die Durchsetzung des eigenen „Willens" geht.

Beispiel:

Viele gute Neujahrsvorsätze sind Ende Januar schon „gestorben", obwohl man diese unbedingt durchsetzen wollte.

Durch solche Erfahrungen wird deutlich, dass der „Wille" alleine keine Ziele erreicht. Das führt häufig zur Frustration oder sogar zu Minderwertigkeitsgefühlen.

Der „Wille" hängt auch sehr eng mit unserem Selbstbewusstsein zusammen. Wenn wir ein stabiles Selbstbewusstsein haben und unseren „Willen" damit stärken können, sind die Aussichten auf Erfolg besser. Wichtig für einen starken „Willen" ist die konkrete Zielsetzung. Nur wenn wir genau wissen, was wir wollen oder auch nicht mehr wollen, können wir das Ziel auch erreichen.

Doch so einfach ist das alles nicht wirklich. Schon der deutsche Philosoph Arthur Schopenhauer hat erkannt:

„Der Mensch kann zwar tun, was er will, aber er kann nicht wollen, was er will."

Das ist vielleicht der Grund, warum einige wenige es schaffen und viele andere es nicht schaffen. Bei vielen ist der „Wille" in den ersten Tagen oder Wochen „aufgebraucht" und das alte Verhalten ist wieder präsent.

Der „Wille" ist zum großen Teil von unserem Unterbewusstsein gesteuert. Wir können an unserem Körper nicht alles mit Hilfe unseres „Willens" steuern.

Steuern Sie doch mal genau jetzt über Ihren „Willen", dass Ihre rechte Niere eine Pause machen soll.

Und hat das funktioniert?

Wir können unsere inneren Organe mit dem „Willen" nicht einfach steuern. Sie sehen: Mit dem „Willen" ist das so eine Sache. Die Worte „Du musst nur wollen" sind für diesen Komplex zu eng gedacht. Zusätzlich wird unser „Wille" durch unsere Umwelt beeinflusst.

Das ist z.B. ein Grundziel jeder Werbung. Haben Sie bis heute immer nur das gekauft, was Sie wollten?

Wir können also festhalten, dass das positive Denken und der „Wille" alleine nicht das Erfolgsrezept für das Erreichen von Zielen sein können.

Es gibt einen gesunden Optimismus. Beim Optimismus geht es darum, das „Beste" anzunehmen. Dazu gehört z.B. zuversichtlich und lebensbejahend in die Zukunft zu gehen.

Ich rede von einem gesunden Optimismus, weil es auch viele Menschen gibt, die einen unrealistischen Optimismus pflegen und Sachen erwarten, die nicht gut mit ihrer Wirklichkeit vereinbar sind.

Den Unterschied zwischen Optimisten und Pessimisten hat z.B. Martin Seligman untersucht.

Hiernach sehen Optimisten die Ursache für positive / gute Ereignisse und Erfolge bei sich selbst.

Wenn etwas nicht gut verläuft dann schreibt der Optimist es den vorübergehenden situationsbedingten Ursachen zu. Optimisten betrachten die Situation als zeitweilig und vorübergehend.

Pessimisten sehen das anders. Sie geben sich selbst die Schuld für Fehlschläge und negative Zeiten. Vor allem bewerten Sie die Situation als dauerhaft und generalisieren in allen Lebensbereichen.

Optimisten haben daher ein stärkeres Selbstwertgefühl. Das seelische Befinden von optimistischen Menschen ist überwiegend gut. Weil das seelische Befinden mit dem körperlichen befinden eng verbunden ist, leben Optimisten in der Regel auch gesünder und haben eine längere Lebenserwartung.

Optimisten sind negativem Stress weniger ausgesetzt und „vergiften" Ihren Körper somit auch weniger. Die Grundstimmung eines Optimisten ist viel häufiger im oberen und guten Bereich als bei Pessimisten. Ihr Optimismus verhindert, dass sie resignieren und einfach aufgeben. Das heißt auch, dass die „Willenskraft" von Optimisten besser ausgeprägt ist.

Wenn Pessimisten Probleme sehen, sehen Optimisten eine Chance. Sie betrachten Probleme, die auf dem Weg zum Ziel dazu gehören, als Herausforderung.

Optimisten sehen andere Menschen nicht als Feinde und Gegner. Solange sie nicht enttäuscht werden, sehen sie das Gute in anderen.

Sollten Sie doch enttäuscht werden, dann projizieren sie das nicht auf alle Menschen und bleiben bei ihrer Grundhaltung.

Daher haben Optimisten oftmals bessere und stabilere zwischenmenschliche Beziehungen.

Was meinen Sie? Ist es nicht lohnenswert, sich mehr dem Optimismus als Gewohnheit anzueignen?

Wenn Sie denken, dass das schwer ist, dann sage ich Ihnen: „Das kann es tatsächlich sein."

Es ist schwer, sich zu verändern, wenn man vorher eher der Pessimist war. Was wäre die Alternative?

Optimismus bedeutet auch, dass Sie Ihrem Leben vertrauen. Sie vertrauen vor allem sich selbst. Geben Sie Ihrem Leben mehr Chancen für gute und schöne Momente. Lassen Sie sich nicht vom pessimistischen Gedanken gefangen nehmen. Es lohnt sich einfach nicht für Sie. Gewöhnen Sie sich einen gesunden Optimismus an.

Seinem Leben zu vertrauen hat auch damit zu tun, dass man sich mit dem Thema Veränderung anfreundet.

Für viele sind Veränderungen mit Ängsten verbunden. Das liegt daran, dass es nicht leicht ist, sich nach und nach der Ereignisse ihres Lebens und der Einflüsse bewusst zu werden.

Dabei kann man auch erkennen, dass man auf Grund seiner Gewohnheiten nicht so sein kann, wie man gerne wäre. Hier stimmt das Selbstbild mit der Wirklichkeit nicht überein.

Diese Erkenntnis kann Angst machen und in der Folge zu Minderwertigkeitsgefühlen bis hin zur Depression führen.

Wenn Sie nur an oberflächlichen Dingen hängen, können Sie den Blick auf das Wesentliche in ihrem Leben verlieren.

Vielleicht vergeben Sie somit die Möglichkeit, zu erkennen, was Ihnen wirklich wichtig ist.

Veränderung heißt weiter zu lernen. Sie müssen sich den neuen Umständen anpassen. Wenn Sie sich nicht verändern wollen, dann kann es sein, dass kein Lernen stattfindet. Wenn Sie nicht mehr lernen, dann sind Sie in Ihren alten Gewohnheiten und Verhaltensmustern gefangen.

Das einzig Beständige im Leben ist die Veränderung. Sie können sich dagegen wehren oder dagegen ankämpfen. Das hält den Lauf der Dinge nicht ab. Es könnte nur viel Lebensenergie kosten.

Besser könnte es sein, wenn Sie Veränderungen Ihr Vertrauen entgegenbringen und sich mit diesen weiterentwickeln.

Veränderungen sind häufig besser zu bewältigen, wenn Sie Einfluss nehmen und gestalten können. Selbstbestimmung ist ein wichtiger Teil für ein zufriedenes Leben. Viele empfinden sich als ausschließlich fremdbestimmt und sind der Meinung, dass sie ihr Leben nicht unter Kontrolle haben.

Sie haben aber mehr Kontrolle als Sie denken. Sie können zum großen Teil bestimmen, was Ihnen widerfährt.

Was Sie erleben ist oft eine Folge Ihrer Entscheidungen und die daraus resultierenden Handlungen oder auch Nichthandlungen.

Ihr Handeln beeinflusst, was Ihnen passiert oder auch nicht passiert.

Der Grundsatz „Wir ernten, was wir sähen." hat immer noch Bestand. Sie entscheiden, was Sie in das Leben einbringen und was dadurch rauskommen kann.

Ganz wichtig ist, dass Sie entscheiden, wie Sie mit dem, was Ihnen das Leben bringt, umgehen. Es ist Ihre Entscheidung, wie Sie die Dinge interpretieren und bewerten.

Ich möchte das „Schicksal" nicht außer Acht lassen. Es gibt Schicksalsschläge im Leben, die wir überhaupt nicht unter Kontrolle haben und die uns wirklich aus der „Bahn" werfen können. Das können Situationen sein wie: ein geliebter Mensch stirbt, wir werden verlassen oder betrogen, wir verlieren unseren Arbeitsplatz oder werden schwer krank.

Das Leben ist nicht immer gerecht. Auch, wenn das ein großer Wunsch vieler Menschen ist, dass das Leben gerecht sein soll, ist es nicht gerecht und wird es nie gerecht sein.

Wir werden nie verstehen, warum Kinder schon mit elf Jahren an Krebs sterben müssen. Wir werden nie verstehen, warum Reiche immer reicher werden. Wir werden nie verstehen, warum der betrunkene Autofahrer nach einem Unfall überlebt, das Kind was er überfahren hat aber sterben muss.

Das Leben ist nicht gerecht! Wenn wir das nicht akzeptieren, besteht für einige die Gefahr, daran zu zerbrechen.

Vielleicht müssen wir auch manchmal vom „Weg" abkommen, um nicht auf der Strecke zu bleiben.

Sie haben in den schwersten Momenten in Ihrem Leben weiter die Wahl. Wenn Sie hinfallen, können Sie liegen bleiben und sich in Selbstmitleid sudeln.

Sie können die ganze Welt dafür verantwortlich machen und resignieren. Sie können auch gegen das Leben ankämpfen.

Sie können aber auch wieder aufstehen. Sie können entscheiden, wie Sie weiter machen wollen, um eine bessere Zukunft zu gestalten.

Sie können sich vom Gefühl der Hilflosigkeit und Wertlosigkeit trennen und durch Handeln dem Leben wieder einen Wert geben.

In solchen Lebensphasen sollten Sie Ihrem „Boot" wieder eine Richtung geben, um dann in eine neue Zukunft zu steuern.

Hierbei hilft es, die bestehenden Probleme anzugehen und neue Lösungen zu suchen (Kapitel 7).

Es können sich in Ihrem Leben Möglichkeiten durch unkontrollierte Schicksalsschläge primär reduzieren. Doch es bleiben noch andere Möglichkeiten offen.

Es ist von Vorteil, wenn Sie lernen, die guten Zeiten in Ihrem Leben bewusster zu leben und zu genießen. Am Besten verlängern Sie diese guten Zeiten. Hierdurch haben Sie ggf. mehr Kraft für die unausweichlich negativen Zeiten. Somit werden diese nicht zu schmerzhaft und können mit neuen Ressourcen besser bewältigt werden.

In schlechten Zeiten ist es wichtig, einen „Rettungsanker" zuhaben. Mein „Rettungsanker" heißt „Zuversicht".

Wie heißt Ihrer?

Vertrauen Sie Ihrem Leben! Sie haben nur eins!

16. Zum Schluss

Im Kapitel 9 erwähnte ich, dass Sie die Zeit nicht aufsparen können. Jede Minute, die vergeht, ist auch für immer vergangen und Sie können diese Zeit auch nicht mehr zurückholen. Ihre Zeit läuft und Sie wissen nicht, wann Ihre Zeit abläuft. Vielleicht ist das auch ganz gut so.

Sie sollten es sich öfter bewusst machen, dass Sie nur dieses eine Leben haben.

Es gibt eine interessante Lebensgeschichte der australischen Krankenschwester Bronnie Ware. Sie hat viele Sterbende in ihren letzten Stunden begleitet. Dies war Ihr möglich, weil Sie in einem Hospiz arbeitete. Durch diese Aufgabe ist Ihr aufgefallen, dass sterbende Menschen oft die gleichen Dinge in Ihrem Leben bereuen. Hierüber hat Sie ein Buch geschrieben. In diesem Buch geht es um die fünf häufigsten Dinge, die sterbende Menschen sich selbst am Lebensende vorwerfen. Es handelt sich dabei um die folgenden Punkte:

- Ich wünschte, ich hätte den Mut gehabt, mir selbst treu zu bleiben statt so zu leben, wie andere es von mir erwarteten.

- Ich wünschte, ich hätte nicht so viel gearbeitet.

- Ich wünschte, ich hätte den Mut gehabt, meinen Gefühlen Ausdruck zu verleihen.

- Ich wünschte, ich hätte den Kontakt zu meinen Freunden gehalten.

- Ich wünschte, ich hätte mir mehr Freude gegönnt.

Ich finde diese fünf Wünsche sehr berührend. Ich möchte diese Punkte gerne mit meinen Worten interpretieren:

Ich wünschte, ich hätte den Mut gehabt, mir selbst treu zu bleiben statt so zu leben, wie andere es von mir erwarteten.

Ich glaube, dass sich viele Menschen dabei ertappen, dass Sie sich nicht wirklich treu sind und eigentlich gerne etwas anders machen wollen: Handeln nach den eigenen Vorstellungen.

Wir leben häufig nach den Vorstellungen und Erwartungen anderer Menschen. Es fällt einigen schwer, den Mut aufzubringen, sich selbst treu zu bleiben, das Leben zu leben. Vielleicht wäre es ein kleiner Anfang, wenn jeder einzelne mehr auf sich achtet und weniger Erwartungen an andere stellt. Bleiben Sie sich selbst treu.

Ich wünschte, ich hätte nicht so viel gearbeitet.

Ich hatte bereits erwähnt: Sie werden sich am Ende des Lebens nicht an schöne Arbeitstage erinnern, sondern an schöne Erlebnisse und Erfahrungen mit anderen Menschen oder mit sich selbst. In unserer Tempo- und Leistungsgesellschaft wird unsere Aufmerksamkeit auf die Arbeit und Leistung fokussiert.

Doch viele kommen aus dieser „Tretmühle" nicht mehr heraus. Wer nur arbeitet, hat keine Zeit zum Leben!

Leben Sie mehr und arbeiten Sie weniger!

Ich wünschte, ich hätte den Mut gehabt, meinen Gefühlen Ausdruck zu verleihen.

Einige können ihre Gefühle nicht wirklich ausdrücken. Häufig denken wir nur über Gefühle nach, teilen Sie aber anderen nicht mit. Oder: Wir unterdrücken unsere Gefühle und hoffen, dass diese einfach wieder verschwinden.

Der erste Schritt ist hier, wieder in Kontakt mit sich selbst zu kommen. Das lässt unser Alltag jedoch nicht immer zu. Erst, wenn wir wieder mit uns im Kontakt sind und uns bewusst wahrnehmen können, dann können wir uns auch unseren Gefühlen bewusst werden. Teilen Sie sich auch mal mit. Gerade in einer Partnerschaft wird viel zu wenig über Gefühle gesprochen. Hierzu gehört auch, dem anderen zu sagen, wie sehr man ihn liebt. Warten Sie deshalb nicht bis zum Ende Ihres Lebens. Heute ist der beste Tag dafür.

Ich wünschte, ich hätte den Kontakt zu meinen Freunden gehalten.

Leider trennen sich viele Wege im Leben. Viele Freunde, die einen im Leben begleiten, gehen uns im Laufe der Zeit verloren. Vielleicht, weil sie in eine andere Stadt gezogen sind oder weil die „Schnittstellen" weniger geworden sind. Einige verlieren wir auch, weil wir uns zerstritten haben. Freunde kommen und gehen im Leben und nur wenige bleiben. Doch jede Freundschaft ist etwas ganz Besonderes und individuelles.

Echte Freundschaft ist unbezahlbar. Doch der Alltag mit seinen Herausforderungen lässt oft wenig Platz und Zeit für Freundschaften. Diese zu pflegen ist auch eine Herausforderung. Doch der Lohn für die beharrliche Bereitschaft, seine Freundschaften zu pflegen, ist unübertrefflich. Pflegen Sie Ihre Freundschaften mehr und nehmen Sie auch nicht alles so ernst.

Vielleicht nehmen Sie auch Kontakt mit alten Freunden wieder auf und lassen sich überraschen, wie es denen geht.

Ich wünschte, ich hätte mir mehr Freude gegönnt.

Wann haben Sie das letzte Mal in Ihren Leben so richtig herzhaft lachen können?

Können Erwachsene noch lachen? Laut einer Studie der Lachforschung lachen Erwachsene nur 15 Mal am Tag. Kinder lachen dagegen 400 Mal am Tag. Und laut dieser Studie haben wir in den fünfziger Jahren noch täglich circa 18 Minuten lang gelacht.

Heutzutage sind es nur noch sechs Minuten, wenn überhaupt, die wir täglich lachend verbringen. Es ist wirklich traurig, wie ernst unser Leben und unsere Gesellschaft geworden ist. Wir haben alles und können uns nicht freuen. Die meisten Deutschen können noch nicht mal lächeln. Viele ärmere Nationen haben kaum Güter, können sich aber trotzdem mehr freuen und mehr lachen als wir. Wie paradox das Leben doch sein kann. Ich glaube, wir halten uns für zu intelligent und zu überlegen, um fröhlich zu sein.

Lachen ist der Treibstoff für Lebensenergie. Lachen ist gesund. Lachen steckt andere an.

Lachen macht glücklich. Lachen verbindet Menschen. Lachen und Freude ist pures Glück.

Lassen Sie die Freude in Ihr Leben, lachen Sie so oft es geht. Und vor allem: Schenken Sie anderen Menschen ein Lächeln - Sie werden ein Lächeln zurück bekommen.

Ich glaube, es wäre fatal, Dinge am Ende seines Lebens zu bereuen, die man doch mit relativ wenigen Mitteln erbringen kann. Die meisten Menschen im Sterbebett sprechen von mehr Mut im Leben. Was bedeutet Mut eigentlich? Heißt es keine Angst zu haben?

Mut heißt nicht, dass man angstfrei ist. Mut ist die Bereitschaft, obwohl man bewusst Angst hat, zu tun, was man für sich als richtig erachtet.

Wenn man keine Angst hat, dann kann man etwas einfach machen. Dazu benötigt man dann keinen Mut. Mut heißt also, sich seinen Ängsten zu stellen und sein Leben nach seinen Wünschen zu leben und sich treu zu bleiben.

Zum Schluss dieses Buches möchte ich Ihnen alles erdenklich Gute wünschen. Ich wünsche Ihnen, dass Sie Ihre Vergangenheit akzeptieren können und viel mehr im Hier und Jetzt leben.

Ich wünsche Ihnen, dass Sie das tun, was Ihnen gut tut. Ich hoffe, dass Sie mehr auf Ihren Körper hören und diesen zu schätzen lernen.

Ich würde mich freuen, wenn Sie Ihre Beziehungen bewusst leben und nichts für selbstverständlich erhalten.

Ich hoffe, dass Sie niemanden mehr kritisieren und für sich die besten Entscheidungen treffen.

Ich wünsche Ihnen viel mehr Lösungen als Probleme in Ihrem Leben und ganz viel positiven Stress.

Ich hoffe, dass Sie bei Ihren Werten bleiben und immer das Gleichgewicht halten können.

Weiter wünsche Ich Ihnen, dass Sie Ihre Zukunft nach Ihren Wünschen und Vorstellungen gestalten und Sie Ihre Ziele darauf ausrichten.

Bleiben Sie gesund und vertrauen Sie Ihrem Leben.

Sie haben nur ein Leben und haben nur eine Chance. Nutzen Sie diese in vollem Umfang. Sie haben das Recht auf ein erfülltes und glückliches Leben.

Unsere gemeinsame Zeit in diesem Buch geht zu Ende. Ich freue mich, dass Sie meinen Gedanken bis hierhin gefolgt sind. Ich würde mich sehr freuen, wenn Sie einige Anregungen für Ihr eigenes Leben mitnehmen können.

Ich möchte Ihnen gerne noch mein Lieblingszitat mit auf den Weg geben:

„Wenn du immer wieder das tust,

was du immer schon getan hast,

dann wirst du immer wieder das bekommen,

was du immer schon bekommen hast.

Wenn du etwas anderes haben willst,

tu etwas anderes!

Und wenn das, was du tust,

dich nicht weiterbringt,

dann tu etwas völlig anderes –

statt mehr vom gleichen Falschen!"

(Paul Watzlawick)

In diesem Sinne: Tun Sie etwas, das Ihnen gut tut.

Es ist Ihr Leben! Packen Sie es aus!

Ihr Jens Grüne

Danksagung

Ich möchte meiner Lektorin Franziska Hellmann von ganzem Herzen danken. Ohne ihre kompetente Unterstützung und ihre stetige Motivation wäre dieses Buch heute nicht das, was es ist.

Literaturnachweise

Bamberger, Günter G. (2010): Lösungsorientierte Beratung. Praxishandbuch ; [Online-Materialien]. Langensalza (Beltz).

Birkenbihl, Vera F. (2013): Kommunikationstraining. Zwischenmenschliche Beziehungen erfolgreich gestalten. München (mvg Verlag).

Cohn, Ruth C (2009): Von der Psychoanalyse zur themenzentrierten Interaktion. von der Behandlung einzelner zu einer Pädagogik für alle. Stuttgart (Klett-Cotta).

Shazer, Steve de / Dolan, Yvonne / Kibéd, Matthias von Varga (2008): Mehr als ein Wunder. lösungsfokussierte Kurztherapie heute. Heidelberg (Carl-Auer-Verlag).

Unger, Tibor (2005): Lösungen statt Probleme? Das Konzept der systemisch-lösungsorientierten Beratung nach dem Kurztherapiemodell von Steve de Shazer. Möglichkeiten und Grenzen im Kontext der Anwendbarkeit für die psychosoziale Beratungsarbeit mit Klienten. Hamburg (diplom.de).

Fengler, Jörg (2009): Feedback geben. Strategien und Übungen. Langensalza (Beltz).

Gehm, Theo (2006): Kommunikation im Beruf. Hintergründe, Hilfen, Strategien. Langensalza (Beltz).

Gellert, Manfred / Nowak, Claus (2004): Teamarbeit, Teamentwicklung, Teamberatung. ein Praxisbuch für die Arbeit in und mit Teams. Meezen (Limmer).

Glasl, Friedrich: Konfliktmanagement : ein Handbuch für Führungskräfte, Beraterinnen und Berater. 8. unveränd. Aufl.. Bern: Haupt, 1997.

Glasl, Friedrich (2015): Selbsthilfe in Konflikten : Konzepte - Übungen - Praktische Methoden. Haupt Verlag Freies Geistesleben. Stuttgart

Hornung, Markus (2015): Der Abschied von der Sachlichkeit : Wie Sie mit Emotionen tatsächlich für Bewegung sorgen. BusinessVillage. Göttingen

Kopmeyer, M. R. (2001): So gelangen Sie an Ihre Ziele. Lebenserfolg ist machbar. München (Droemer Knaur).

Mansmann, Vinzenz (2009): Total erschöpft: Neue Energie mit Naturheilmitteln zu neuer Energie. Graefe und Unzer Verlag. München

Müller, Tilman (2010): Schlaftraining. ein Therapiemanual zur Behandlung von Schlafstörungen. Göttingen (Hogrefe).

Prior, Manfred (2011): Minimax-Interventionen. 15 minimale Interventionen mit maximaler Wirkung. Carl-Auer Verlag. Heidelberg

Robbins, Anthony: Das Robbins-Power-Prinzip. Frankfurt am Main, Berlin: Ullstein, 2004.

Schmidt, Thomas (2006): Kommunikationstrainings erfolgreich leiten. Fahrplan für das Seminar "Kommunikation und Gesprächsführung". Bonn (ManagerSeminare-Verlag).

Schröder, Jörg-Peter / Blank, Reiner (2011): Stressmanagement. Stress-Situationen erkennen - erfolgreiche Maßnahmen einleiten. Mannheim (Cornelsen Scriptor, Bibliogr. Inst.).

Thun, Friedemann Schulz von / Kumbier, Dagmar / Barghaan, Dina / Hanig, Christian / Poenisch, Marcus / Soost, Verena (2009): Impulse für Führung und Training. London (Rowohlt-Taschenbuch-Verlag).

Thun, Friedemann Schulz von / Sundmacher, Maren (2013): Miteinander reden 1. Störungen und Klärungen: Allgemeine Psychologie der Kommunikation. Reinbek bei Hamburg (Rowohlt Verlag GmbH).

Seiwert, Lothar (2016): Noch mehr Zeit für das Wesentliche. Zeitmanagement neu entdecken. Odelzhausen (Ariston).

Seligman, Martin E.P. / Brockert, Siegfried (2011): Der Glücks-Faktor. Warum Optimisten länger leben. Bergisch Gladbach (BASTEI LÜBBE).

Hirschhausen, Dr. med. Eckart von / Wienand, Esther / Perner, Änni / Pelka, Jörg (2016): Glück kommt selten allein .... Reinbek bei Hamburg (Rowohlt Verlag GmbH).

Watzlawick, Paul (2005): Wie wirklich ist die Wirklichkeit?. Wahn, Täuschung, Verstehen. München (Piper).

Weisbach, Christian-Rainer / Sonne-Neubacher, Petra (2015): Professionelle Gesprächsführung. Ein praxisnahes Lese- und Übungsbuch. Z (dtv Verlagsgesellschaft).

Winkler, Werner (2013): 99 Lösungswerkzeuge - Praxis der Problemlösung (1). Kindle Edition, Amazon.

Kontakt zum Autor

Praxis für Psychotherapie und Coaching

www.praxis-grüne.de

www.coach-terminal.de

Trainingsinstitut-Hannover

für Kommunikation & Persönlichkeitsentwicklung

www.trainingsinstitut-hannover.de

MIX
Papier | Fördert
gute Waldnutzung
FSC® C083411

Zeitfracht Medien GmbH
Ferdinand-Jühlke-Straße 7
99095 Erfurt, Deutschland
produktsicherheit@kolibri360.de